我找到，并测试成功的淘宝运营成功密码是：差异化产品 + 匹配产品基因的操盘手 + 数据型的视觉团队。这本书就是成功密码当中的一把钥匙！

——淘宝畅销书作者 贾真

从传统企业转电商，到传统电商转新电商这个过程中，成功的往往是那些重视品牌、品质的企业。电商传达品牌、品质的重要手段就是视觉认知，你的品牌如何让用户铭记？朱老师的这本书可以让你重新认识自己的品牌战略！

——《鹿人说》电商知识媒体创始人 千里鹿（花名）

商战的本质是产品和品牌的差异化定位及其配称体系的竞争，而视觉则是品牌心智传递和电商运营的核心关键，朱华杰老师洞见了一条通往品牌视觉终极之路的世界观和方法论。

——劲牌公司互联网事业部总经理 陈华

朱老师讲得好：品牌是唯一能够让你站着把钱赚了的路。品牌一定要差异化竞争才能不打价格战，这理念一直影响着红桃 K 的小伙伴。在视觉营销领域，朱老师绝对是“一米宽，一千米深”，他讲的内容值得各位商家朋友细细品味和思考！

——红桃 K 执行总裁 解砾

良品铺子的电商之路得益于朱华杰老师的启蒙。良品铺子的电商视觉团队的工作方向，一直受到朱华杰老师的品牌视觉、产品视觉、营销视觉的思想指导！

——良品铺子电商创始人 苏华

朱老师是我见过的最负责任的企业导师，没有之一！

——卡贝科技有限公司 CEO 青鸟

感谢朱老师对卡贝两年多的指导，他的视觉标准不仅让我们的视觉有很大的提高，而且也把我们的运营流程给梳理通畅了。我感觉朱老师虽然讲的是视觉，但本质是在帮我们打通电商运营的任督二脉！

一卡贝官方旗舰店总经理 神雕

耳听为虚，眼见为实。在互联网时代，你是谁不重要，你让别人看起来像谁才更关键，产品也是如此！朱华杰老师的研究，远看是视觉的艺术，近品更是视觉的道法！我诚挚建议每一个对美好生活向往的人用心品读此书！

——会广演讲社创始人 靳会广

看这本书之前，我一直以为语言魅力才是一个人最牛的品牌，但是这本书让我知道，品牌视觉可以让你在没有说话之前，就占领消费者心智的制高点。

——会销主持名家 李海东

朱华杰老师在电商视觉方面有非常深的造诣，让我们御道品牌能够有更明确的视觉目标。感谢朱华杰老师，相信“相信”的力量！

——御道 CEO 陈巍

视觉的终极目标就是在卖家心中形成强烈的记忆符号，奥派阿西的视觉标准是朱华杰老师一手指导的，我们一直在坚持！

——奥派阿西旗舰店 CEO 蔡祥华

朱华杰老师在电商视觉领域是绝对的“一米宽，一千米深”。我现在运营的多个品牌，在朱华杰老师的指导下，从传统的做任务向视觉营销转变，眼界开阔了，工作效率提升了，7 个人完成了原来 14 个人的工作量，点击率翻了一番。把不可能变为可能，这是大家对朱老师神奇点金之手的赞叹！

——上海云电宫实业有限公司 CEO 刘念

这是一本价值万金的品牌视觉体系建立秘籍，我都没想到朱老师会同意以一本书的价格把它公开出来。

——本书编辑 林瑞和

品牌视觉

可复制的电商视觉终极玩法

朱华杰 著

電子工業出版社
Publishing House of Electronics Industry
北京•BEIJING

内容简介

为什么你的店铺没有丝毫品牌感，而别人家的店铺一看就有强烈的品牌感？！简而言之，因为别人的店铺已经建立了品牌视觉的统一标准，而你没有。品牌是唯一一条能够让你站着把钱赚了的路，只有让你的店铺建立品牌视觉的统一标准，才能帮你彻底摆脱残酷的价格战、卖出更高客单价、给客户带来更优体验，这一点不论是大电商还是中小网商，不论是旗舰店还是专卖店都适用。

朱华杰老师专注于电商视觉十余年，建立了一套优秀电商必知的视觉标准体系，受到广大学员的热烈欢迎。本书关于朱华杰老师视觉三大标准之一"品牌视觉"的建立理论、方法、应用场景和实际案例，被实践验证能够指导店铺建立卓越的品牌视觉效果，从而在消费者心中形成强烈的记忆符号，提升复购率。

本书适合电商老板、运营、美工一起阅读学习，也适合其他新零售从业人员为提升自身能力而学习使用。本书也可作为各大院校及培训机构教师研究新零售、电商的参考书。

图书在版编目（CIP）数据

品牌视觉：可复制的电商视觉终极玩法 / 朱华杰著. — 北京：电子工业出版社, 2018.5

ISBN 978-7-121-33488-7

Ⅰ. ①品… Ⅱ. ①朱… Ⅲ. ①电子商务—网站—设计 Ⅳ. ①F713.361.2②TP393.092

中国版本图书馆CIP数据核字（2018）第009452号

责任编辑：林瑞和

印　　刷：北京虎彩文化传播有限公司

装　　订：北京虎彩文化传播有限公司

出版发行：电子工业出版社

北京市海淀区万寿路173信箱　　邮编：100036

开　　本：787×980　1/16　　印张：13.75　　字数：225.5千字

版　　次：2018年5月第1版

印　　次：2021年8月第6次印刷

定　　价：79.00元

凡所购买电子工业出版社图书有缺损问题，请向购买书店调换。若书店售缺，请与本社发行部联系，联系及邮购电话：（010）88254888，88258888

质量投诉请发邮件至zlts@phei.com.cn，盗版侵权举报请发邮件至dbqq@phei.com.cn。

本书咨询联系方式：010-51260888-819　faq@phei.com.cn。

前　言

在互联网时代，一切信息都必须通过“看到”这个动作，来开启所有营销手段，并且只有在买家心中形成强烈的记忆符号，才能在推广成本不断攀升的时代，让传播成本最大限度缩减。这就是视觉营销所要完成的任务。

为什么三只松鼠、花笙记、阿芙、茵曼等淘品牌的视觉让人一看就有强烈的品牌感？因为这些品牌店铺的视觉，无处不在传达着统一的识别标识、统一的精神象征、统一的价值理念！

为什么很多商家的视觉一看就让人感觉像杂货铺？因为这些商家的视觉，没有建立自己的视觉识别系统，1 个美工的作品 10 个样，10 个美工的作品 100 个样，这种视觉自然看起来像地摊货。

如果你没有自己的视觉识别系统，你的美工的工作效率就会极其低下，大量的工作时间都浪费在修图上了，而且最关键的是，这会让消费者永远记不住你的店铺！

所以，视觉的终极目标就是，在买家心中形成强烈的记忆符号！

我研究视觉营销十多年，将视觉划分为**品牌视觉**、**产品视觉**、**营销视觉**三大块，并依此建立起相应的视觉标准，帮助成千上万的卖家建立了自己的视觉标准体系！

写给公司老板的话

公司无论大小都必须建立标准。

标准对于一个公司来说太重要了。公司刚起步的时候如果没有标准，公司的命运将会掌握在一两个人手里，公司大了如果还没有流程和标准，公司发展得越大、人越多，公司面临的灾难也就越大。

记得 2012 年，我帮良品铺子做电商指导时，那时良品铺子的电商刚起步，我跟良品铺子的 CEO 杨总说：“2012 年帮良品铺子做到 3000 万元的销售额。”杨总说：“不要你们做到 3000 万元，最多 1500 万元，做多了拿你们是问！”

当杨总说出这句话时，我真是被他的远见打动了。当时良品铺子线下一年的销售额就已经是 7 个亿了，一般的老板可能会想：3000 万元算什么！线上才这点销售额？

杨总接着又说：“我们未来的目标是要做休闲零售类目第一，所以我现在做的事情可以前三年内不赚钱，但前三年所做的事情一定是为第四年赚钱做准备的。做电商和做传统企业在本质上是一样的，只是交易平台不同而已，如果内功没有修炼好，盲目开店，会开得快，死得也快！良品铺子的电商刚起步，还有很多流程和标准不完善，现在需要你们帮我们把电商的定位、供应链、产品开发、仓储物流、客服接待、视觉标准、推广等流程和标准梳理清楚。”

从那时起，我就开始研究视觉标准，最终总结出了品牌视觉、产品视觉、营销视觉这一套完善的视觉标准体系，只要把这套视觉标准体系弄清楚，并依此建立店铺自己的视觉标准，就可以解决店铺里所有的视觉问题，而且可以打通运营和美工之间的沟通障碍。

可以说这三大视觉就是运营店铺的基本功，如果基本功没有练好，就盲目地引流量，只会流量越多，死得越快。

随着时间推移，知识不断沉淀，这套体系越来越完善，后来我用这套体系帮助很多淘品牌重新建立了视觉标准，如中国劲酒、酒仙网、姿美堂、良品铺子旗舰店、劲牌官方旗舰店、红桃K官方旗舰店、姿美堂旗舰店、特步官方旗舰店、乔丹官方旗舰店、老板电器、美的集团、卡贝官方旗舰店、半亩花田旗舰店、首尚格释旗舰店、奥派阿西官方旗舰店、云电宫等数十家类目TOP级卖家。有了这些成功案例后，我开始受淘宝大学以及全国各地的电商培训机构邀请在全国讲课，几乎所有听过我课的商家都有一种醍醐灌顶的感觉！感觉自己的店铺视觉简直一无是处、体无完肤，甚至有种把店铺全部推倒重来的冲动，因为感觉自己原来的定位都是错误的。

我建议，最好是老板、运营、美工一起来学习我的课程，因为这是一套系统的课程，需要老板对视觉标准高度重视，运营和美工的审美意识统一，只有上下一致认同，这项工作才能有效推进。

听过我线下“电商视觉营销特训营”课程的人都知道，很多中小电商老板听完我的课后，学会了做品牌定位，知道了如何赚有钱人的钱，这也彻底让他们蜕变为**真正有钱、有闲、有笑容的大老板**！如图0-1所示，学员在由衷地欢迎我走上讲台。

图0-1 我在上讲台时学员们的欢迎手势

我在各地讲课，课程现场的部分合影展示，如图 0-2 所示。

图 0-2　部分线下课程现场的合影照片

还有一些店铺的美工和运营学会我的知识系统以后，帮助自己的公司建立了一套完整的视觉标准体系，马上被老板提拔为设计总监或者运营总监，让视觉团队工作效率提升了 50% 以上。他们不仅实现了薪水翻倍，还轻而易举地闯进电商精英都梦寐以求的淘宝大学讲师队伍，从此步入了人生梦想的轨道 。如图 0-3 所示，是部分学员听课后的真情感悟（手机截屏）。

图 0-3　部分线下课程学员的评价（手机截屏）

如果你想更快速、更全面地了解我的课程精髓，可以用微信扫描下面的二维码，进入我的微信公众号“朱华杰微课堂”，里面有一段小视频“视觉的终极目标”，如图 0-4 所示，观看这段小视频。

图 0-4　我的视觉核心观点视频

写给美工和运营的话

为什么拥有一流的设计和运营能力的你，仍然收入不高？

设计和运营能力只是最基本的“内核”，要把设计和运营能力转化为可观的财富，你必须还要拥有“引爆剂”和“放大器”。

何谓“引爆剂”？何谓“放大器”？如何才能获得它们？

其实你已经拥有了“引爆剂”和“放大器”，只是需要认识它们、完善它们、掌握如何使用它们的秘诀！

所以你不光要学会视觉营销，还要学会自我营销，把自己打造成自明星，才能让你的财富暴增！

如果我们有缘，我将教你一套打造自明星系统，帮你点燃你的“引爆剂”和“放大器”，然后带你一起飞翔，让你过上有钱、有闲、有笑容的生活！

我的秘诀

我曾想把所有秘诀在现场教学时一次性全部讲出来，但这一愿望一直未能实现，原因是没有一场培训能够给我那么长的时间，让我讲完整，所以我准备把这些内容，以图书的形式写出来。

我还考虑到很多秘诀恐怕无法通过简单的文字描述来传达，只有通过示范才能达到 100% 的效果，所以我决定再录制若干视频，让你一边看一边做，就像请了一个私人教练一样。

在这些视频里，我不仅现场演示我的电商视觉终极玩法的“全部秘诀”，还将透露关于如何管理美工学习过程，以及如何快速有效地提升美工能力的秘诀。如果不能管理好学习过程，再好的学习秘诀都是徒劳；如果不能将设计能力转化为财富，再漂亮的视觉都是浪费青春。

所以，学习我的课程，你将有以下收获。

1. 系统化

- 打造自己的视觉系统，让视觉团队可以成为一个独立的公司，自我运行，老板天天游山玩水，公司照样高效运转。
- 视觉团队自我复制系统，将设计师培养成为会做且会讲的人，让团队智慧发挥到极致。

2. 品牌化

- 打造一个“一米宽，一千米深”、有品牌的店铺，从此摆脱低价竞争。
- 打造自己的品牌活体，从此再也不怕竞争对手模仿。
- 学会讲品牌故事，让你的店铺装修一看就有很强的文化氛围。
- 打造店铺的超级记忆符号，让人过目不忘。
- 学会详情页穿透术，让消费者一看你的详情页就有很强的购买欲望。

3. 标准化

- 让 3 千元的美工也能做出 2 万元的美工效果。
- 让美工从此做上填空题，运营和美工之间的沟通将畅通无阻。

- 学会建立自己视觉的标准体系，美工的工作效率提升 2 倍以上。
- 学会工单管理，让美工的工作从此可以量化，干得多拿得多。
- 无线端视觉展示体现竖屏思维，让无线端转化率提升 100%。

4. 流程化

- 制定出活动、产品上架、产品优化、直通车、钻展、页面改版等所有与美工相关的流程，让运营、产品、文案、美工各部门的配合更加紧密通畅，减少管理内耗，大幅度提升美工工作效率！

5. 数据化

- 数据是检验真理的唯一标准。
- 运营和美工都要学会用数据指导店铺装修，让每张图片都能有的放矢，最大化提升点击率和转化率。
- 让运营学会全面深入剖析自己店铺转化率低的原因！

6. 还有其他秘诀，敬请在书中发掘

鸣 谢

特别感谢以下品牌、店铺、公司以及个人对本书提供的内容支持，排名不分先后。

卡贝官方旗舰店、裂帛旗舰店、王小帮农家店、上海电宫实业有限公司、御道旗舰店、邹鸣先生、良品铺子旗舰店、奥派阿西官方旗舰店。

他们的帮助为本书增色不少，我无比感激。

最后，感谢能够阅读本书的各位读者，本书使我有幸与你们结缘。

咱们书里见吧。

2018 年 3 月

目 录

第 1 章 美工、运营、老板的痛

1.1 美工不懂视觉之痛

电商视觉营销是电商运营里一个非常重要的环节。很多刚出学校的设计师往往只懂视觉，不懂营销，把店铺做得十分花哨，各种颜色、字体、元素随便用，他们认为好看就行，一味地追求新鲜、天马行空。

作为一个美工一定要知道营销才是目的，视觉只是营销的一个手段。如何让消费者一眼就能够看懂你是卖什么的、核心利益点是什么才是关键，而不应该是做很多效果，让人眼花缭乱，不知所云！

如果再遇到一个不懂视觉的运营，那么这个美工的大部分时间就会浪费在修图、改图上，一遍不行两遍，两遍不行三遍……

视觉设计美观本身就是一个感性的东西：你喜欢红色，我却喜欢蓝色；你喜欢图标大气一点，我可能喜欢小巧而精致一点；同一个模特拍出来的效果，有些人就是觉得好看，有人偏觉得不顺眼。

所以说，每个悲催的设计师身后都有一群指点江山的神，如图 1-1 所示，这个图片已经充分地表达了美工的痛！

曾有美工朋友跟我诉苦说："不想干了！"

我问他："为什么？"

他说："当店铺转化率低的时候，开会讨论，最后问题点都归到我这里。请问全店转化率低，都是我们美工的事吗？"

对于这些沟通上的问题，我在给电商企业做指导的 10 年中遇到过太多了。

而当我帮企业建立了统一的视觉标准，并且让运营和美工审美观达成一致之后，他们的沟通就变得高效且没有矛盾了。运营和美工从最开始的吵架，到后来的沟通无障碍，工作效率至少都能提升 50% 以上。

美工如何才能摆脱这种痛苦呢？唯一的方法就是要懂得什么是好的视觉，什么是营销视觉。并且，企业最终要建立一套大家公认的、好的视觉标准！

图 1-1　悲催的设计师

1.2　运营不懂视觉之痛

2015 年 4 月，成都曾经爆出一起骇人听闻的事件：一个网店美工，因反复改图与运营同事争吵，愤怒之下砍了运营同事 21 刀，幸因送医及时而没有出人命！

这件事情背后真实的原因，还是因为公司视觉没有标准、美工和运营之间的审美标准不统一，沟通出了问题而造成的！

大部分运营在给美工下达任务的时候都是口头说修改意见，让美工自己去领会。美工又不是运营肚子里的蛔虫，哪能理解得那么到位？更让美工痛苦的是，美工做完一个作品后问运营的意见，运营给出的意见是“感觉不好，要不你再重做一个？”然而再做一稿仍是这样的意见。出现这种情况的根本原因是，运营也不知道自己想要什么，或者自己对作品也没有清晰的标准。

所以，运营和美工要想沟通良好，就需要建立一系列的标准！

作为一个运营，要对整个店铺的销售业绩负责，上要完成老板的销量任务，下要安抚好员工，让他们全力配合自己的工作。

运营既要把控全局，还要抓好细节。很多运营是从推广职位晋升上来的，对于视觉营销设计一知半解，给美工下达工作指令也不专业，所以非常希望招到一个能懂自己的美工，只要一说想法，美工就能理解自己的意图，甚至还能够主动去看数据优化页面，可是这样的美工实在太难遇到。

运营必须把职能划分清楚：谁负责引流？谁负责转化？每个指标落到具体某个人上面，哪项指标出了问题由谁来负责解决？一切用数据说话，给小伙伴们试错的机会，这样团队才能成长！

我认为，运营和美工之所以有这么大的矛盾，主要是运营和美工看待问题的角度是不一样的：美工一般从视觉美观角度上看，而运营则一般从视觉营销角度上看。

华丽唯美的页面不一定促成销售，而能把东西卖好的页面也不一定很复杂。当这两个角度产生冲突的时候，还是要以销售为主，也就是以运营为主。

因为设计部门毕竟是为运营部门服务的，大家应该为了完成公司共同销售目标而奋斗、利益共享。在这个前提下，我相信工作就比较容易开展了。

接下来经常遇到的问题是：在具体开始做图片设计的时候，很多美工都在含恨含泪画图，因为运营提出的要求太抽象、太模糊，而且经常要求美工改了又改，快把美工逼死了，以至于后来美工基本上不说话了——你说怎么改就怎么改，我干完拉倒。还有的美工用拖拉的战术应对运营：本来半天可以做完的工作，硬是拖到3天以后，直到最后一刻才把作品交给运营，让运营没有修改的时间。

运营如何才能解决这种痛苦呢？

答案还是要学会把工作标准化。美工绘图前，运营要尽量把要求具体化，让美工真正充分地了解运营的想法。作为运营，头脑内应该有一个完整的运营体系和视觉标准，这也是运营本身应该具备的能力，要清楚知道自己到底想要什么效果。

这里我举一个运营与美工合作的案例。

在这个案例中，运营想让美工对无线首页做一次改版，那么其要求就是清清楚楚的一张图表，如图 1-2 所示。

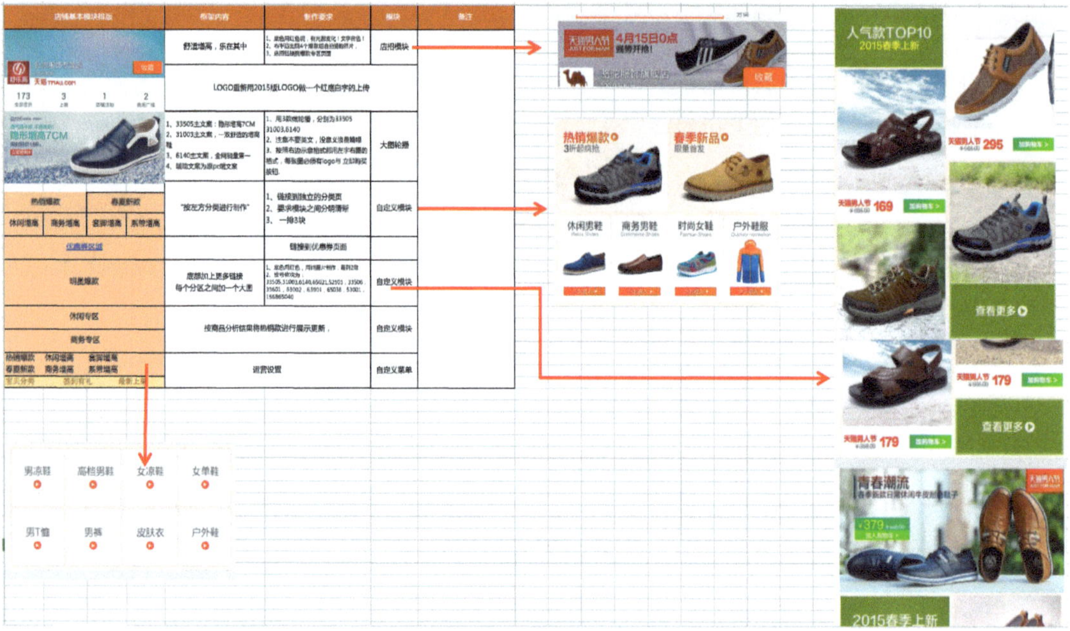

图 1-2　无线首页规划表

文字描述和说明应当尽可能细致。比如表中关于店招版块的要求如下。

（1）框架内容：“舒适增高，乐在其中”。

（2）制作要求：底色用红色调，有光影变化，文字白色；右半边出现 4 个爆款组合拍摄的照片；店招链接到爆款专区页面。

（3）制作参考：给出明确的参考店铺。

美工拿到这样的制作要求，工作效率就会很高。如图 1-3 所示是无线首页规划表的局部放大图。

最终美工就会按照规划表，做出来效果，如图 1-4 所示。

店铺基本模块排版	框架内容	制作要求	模块
 	舒适增高，乐在其中	1、底色用红色调，有光影变化！文字白色！ 2、右半边出现4个爆款组合拍摄的照片， 3、店招链接到爆款专区页面	店招模块
	LOGO重新用2015版LOGO做一个红底白字的上传		
 	1、33505主文案：隐形增高7CM 2、31003主文案，一双舒适的增高鞋 3、6140主文案，全网销量第一 4、辅助文案为原pc端文案	1、用3款做轮播，分别为33505 31003,6140 2、注意不要英文，没意义浪费篇幅 3、按照右边示意格式都用左字右图的格式，每张图必须有logo与 立即购买按钮.	大图轮播
热销爆款 / 春夏新款 休闲增高 / 商务增高 / 套脚增高 / 系带增高	“按左方分类进行制作”	1、链接到独立的分类页 2、要求模块之间分明清晰 3、 一排3块	自定义模块

图 1-3 无线首页规划表的局部

图 1-4 按规划做出的无线首页效果图

在这次改版中，我认为有以下几点，值得学习。

（1）作为日常销售，店招上的文案应使用自己的品牌 SLOGAN，来宣传自己的品牌定位，让消费者在最短时间里了解你的差异化和优势。“舒适增高，乐在其中”这句宣传口号很好地诠释了商家的品牌名（舒乐高）和品牌定位（只做舒适的增高鞋）。

（2）每张促销图片的布局简单、产品突出、促销文案利益点突出，没有多余的废话和多余的设计元素，这样的视觉传达简单高效，视觉用户体验很好。

（3）首页购物路径布局思路清晰。第一屏的3张轮播海报，放的是店铺的3个极致爆款单品，这样可以更好聚流。接下来的分类就是分流，“热销爆款”“夏季新品”分别满足了新、老客户的购物需求：新客户喜欢爆款，老客户喜欢新款。后面的“休闲增高”“商务增高”“套脚增高”“系带增高”“优惠券”可以 满足不同人群的不同购物选择需求。

（4）产品陈列先把各品类的明星爆款优先展示，这样就可以把最优资源位给到 UV 价值（UV 价值 = 销售额 / 访客数，是指单客户平均贡献价值）最高的产品，同时让它们有重复曝光的机会。

再往下面就是各个品类的产品陈列，如“休闲专区”“商务专区”等。品类陈列的顺序也是按照当季热销的品类优先展示的原则进行陈列的，品类里面的单品布局顺序也是同理。

在每个专区的右下角有一个“查看更多”，如果消费者在首页看不到自己喜欢的款式，通过这个按钮可以看到更多款式，这样可以提升访问深度。

（5）首页的最后一屏把所有分类按钮再展示一次。这个很重要，因为当产品比较多的时候，不可能把所有的产品都放在首页展示，所以这是最后一次挽留消费者的机会，让他知道我们店铺还有更多产品，可以再看看。

整个首页布局聚流、分流的思路很清晰，每个版块的文案内容、颜色、产品要求都很详细，不管是哪个美工按这个表格做出来的首页，都会八九不离十。

所有的视觉最后都要用数据说话，数据是检验真理的唯一标准。

上面这个案例其实是我在重庆的一个学员在听完我的课程之后所做的作业，如图 1-5 所示是后来他给我的反馈。

首页的点击率直接上升了 20 个百分点。首页点击率如果能够达到 50%，就已经很优秀了，而他的这次首页点击率是 47.15%，离 50% 还差一点点，所以他还需要努力。

需要注意的是，作为运营也要懂得“求同存异”，如果发现自己和美工的意见完全不一致，可以按两个人的想法各做一张规划表，然后用数据检测，之后再总结规律，这样下次遇到类似问题时就不用再争吵了。

图 1-5 无线首页改版后的效果反馈（截图）

还有一个现象，很多淘品牌大店铺的设计美工人员并不算多，但是每月绘图量达到数千张。他们绘图为什么能够又多又好？原因就是他们拥有非常规范的视觉标准。但大多数中小卖家的运营，在绘图之前往往与设计沟通不足，甚至可能他们自己都不知道想要什么样的图片。

2017 年 8 月下旬时，有一个运营请我给他介绍几个兼职美工，帮忙做“双 11”活动中使用的图片。我说问他：“有具体的修图标准吗？”

他说：“修成能用的图。”

我问：“什么叫能用的图呢？”

他说：“什么叫能用的图呢？我也在解谜！”

如图 1-6 所示。

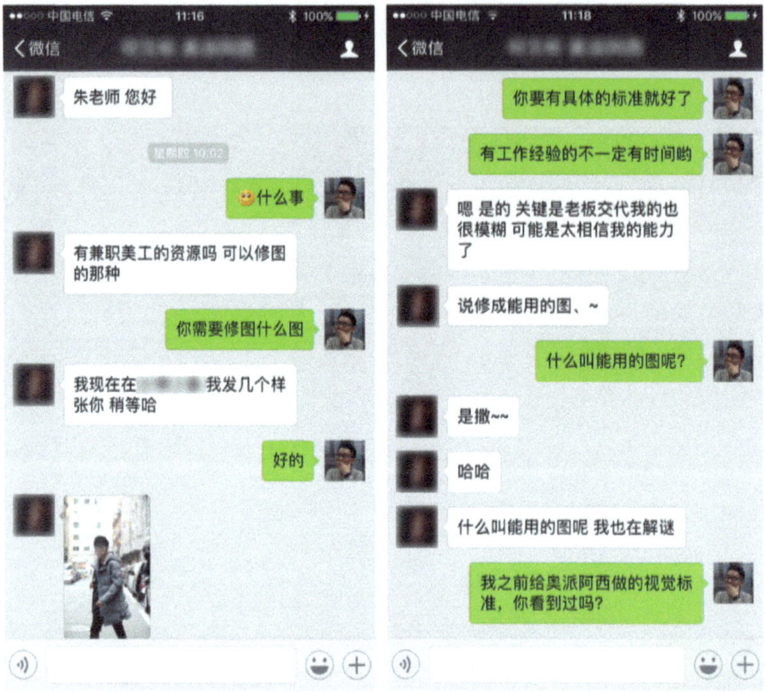

图 1-6　想要招美工兼职的运营（截图）

他说老板就是这么交待的！我也是“醉了”。

有些运营人员要美工做一个活动页面时，由于没有说明具体要求或者所提要求很简单（比如“高大上”“有创意”之类），然后就让美工自行发挥，全网去找素材，那么美工最后给出的页面很可能会是这样：春天来了，那么花呀草呀蝴蝶呀都在页面里出现了；夏天来了，那么冰块海滩一定会在页面里出现了；冬天来了，那么雪花什么的一定会在页面里出现了……总之页面里什么元素都会有，文字效果也有很多——不把 PS 里的所有效果都用到，都觉得对不起这个软件！

做完后，大部分情况下，运营都觉得效果不好，设计水平太差，没感觉、没调性，于是就以各种理由要求美工返工重做。

美工问：“老大，感觉哪里不好？”

运营说：“我也不知道哪里不好，就是感觉不好！”

美工就只好重做，其实美工的大量工作时间，都浪费在了修改图片上了，根本原因在于运营没有给出具体的设计标准！

在电商行业，懂得管理与沟通的运营，可以带着整个部门高效地干活，随着一次次胜利，团队成员会越来越信任彼此；不懂沟通的运营，工作必定处处难以落地，团队凝聚力越来越差，最后大家都只能辞职不干，含恨而去。

其实作为运营，需要懂得的知识，以及和部门沟通的地方太多了。电商团队围绕的中心就是运营，运营如果没有一个清晰的运营思路，产品、设计、客服等其他部门就都没有方向可言，所以运营在学习电商技能的同时，还要多学如何管理和沟通，才能有更高的职位，薪资也会水涨船高。

1.3 老板不懂视觉，累死三军

作为老板，你是否有以下困惑？如图 1-7 所示。

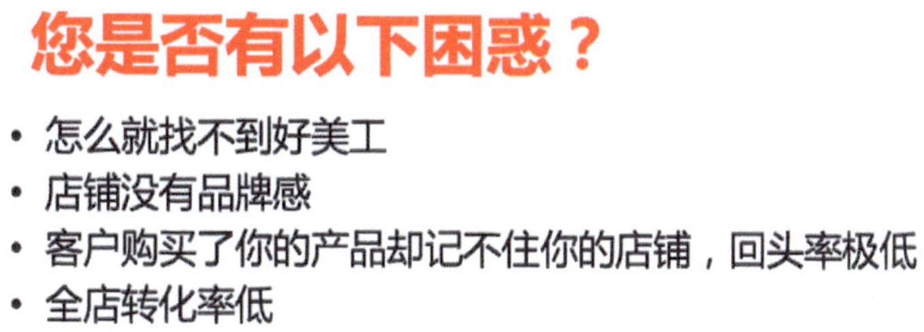

图 1-7 老板的困惑

1.3.1 怎么就找不到好美工

我经常在全国各地讲授电商视觉营销的课程，总会有老板和我说：“朱老师，能不能帮我介绍几个美工，我怎么就找不到好美工呢？”

我就问他：“你认为好美工是什么样的？”

他说：“要 PS 技术好、会写文案、会看数据，要是能懂产品就更好了，另外还要听话、会创意……”

我打断他的话，说：“你别说了，这样的美工你找不到的，即使你找到了，估计你也请不起！”

他说：“啊，怎么会这样？那要多少钱呢？”

我说：“你想一下，能力这么全面的人，他还跟着你干吗？你所要求的工作，都是创造性的工作，对人的要求很高，而美工在学校里学的是设计，他的专长只是设计，所以对于新找来的美工，你应该以人设岗，用其所长，让他干些简单重复性工作，尽量给他标准，让他去做填空题！”

1.3.2 店铺为什么没有品牌感

还有的老板会问我：“为什么我的店铺没有品牌感？别人家图片一看就有品牌感！”

我说：“原因很简单，因为别人家的美工，10 个人做的图，像是 1 个人做的；而你家的美工，1 个人做的图，像是 10 个人做的！”

他问：“为什么呢？”

我说：“因为你没有设定视觉标准。你想一想类似于茵曼、裂帛、三只松鼠这样的大店，他的摄影有没有标准？文案、字体、颜色、标签有没有标准？”

他说：“应该有吧。”

我说：“那肯定有。如果你也有这些标准的时候，你的美工在做什么题？”

他一脸惊愕。

我说：“当你也有这些标准的时候，你的美工就在做填空题，你说这样的工作效率会不会提高？”

1.3.3 为什么消费者记不住你的店铺

还有老板问我：“朱老师，消费者明明购买了我的产品，却记不住我的店铺，回头率极低，怎么办呀？”

我说：“作为老板，你自己都没有想清楚店铺的人群定位和视觉风格。你一定要知道店铺视觉设计不是一味求变，而是要想清楚哪些元素是永远不能变的，只有这样才能让买家记住你，下次他再来的时候，可能会直接搜索店铺名进来！你的视觉风格每天换个花样，消费者就是看你 100 次也记不住呀！”

就是因为老板都没有想清楚自己的店铺风格定位，才让运营、美工的视觉设计没有方向！

1.3.4 为什么全店转化率低

全店转化率低到底该怪谁？是谁的责任最大？可以说，参与店铺运营的每个人的工作都会多多少少影响到转化率，我将会在本书姊妹篇的“产品视觉”里重点讲解这个问题，教你如何系统性地解决全店转化率低的问题。

1.3.5 总结

以上这些问题看起来似乎都是美工的问题，但我认为其本质还是店铺视觉没有标准！

建立视觉标准，一定要从老板的层面意识到这项工作的重要性，而且亲自督促运营和美工把这项工作落实到位，否则这项工作可能永远推不动。如果建立了视觉标准，你的店铺就会有历史沉淀，以后美工的工作就会事半功倍，这是企业的百年大计。磨刀不误砍柴工，任何一个有品牌的公司都应该有自己的视觉标准！

1.4 案例——卡贝的故事

1.4.1 有了视觉标准可以给公司带来什么

我作为卡贝官方旗舰店的品牌视觉顾问，曾在两年的时间里，帮助卡贝建立起一套完善的视觉标准体系并进行品牌升级。之前卡贝的美工需要花费两天才能完成的工作，现在只需要半天就可以完成了，而且效果比以前好得多。

是什么让卡贝发生了这么大的变化？

我相信大家对这个问题一定很感兴趣。

就让我来讲讲卡贝的故事。

2015年5月1日，正值劳动节，卡贝旗舰店的赖总邀请我给他们的运营、美工，以及全国分销商的老板做了一次内训。

赖总是卡贝官方旗舰店的总经理，是一个学习能力和执行能力都很强的人。2015年3月，他在杭州听过我的《视觉营销》专场培训后，感觉我讲的这套知识体系正是卡贝现在最缺的东西，所以就想邀请我去卡贝给他们所有的运营、美工、全国分销商做一次分享。

在内训课上，我先把卡贝现在的视觉问题分析了一下。如图1-8、图1-9所示，是2015年5月时，卡贝店铺的全网整体形象示例。

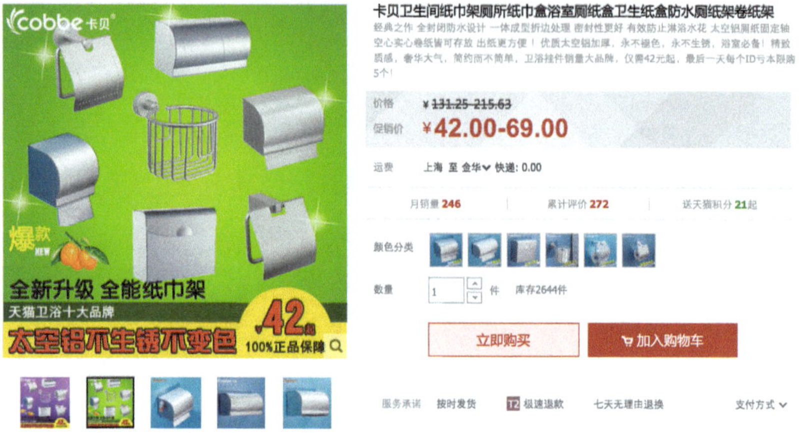

图 1-8　卡贝产品宝贝页首屏的旧版形象

图 1-9　以前卡贝产品搜索页的形象

当时，我给卡贝做出了如下的视觉诊断。

（1）全网整体形象不统一，整个品牌视觉毫无规范，各个渠道各自为战。.

（2）宝贝拍摄无标准，拍摄角度不统一，滥用道具。

（3）宝贝主图上的 LOGO 展示不统一，有的甚至看不清楚 LOGO。

（4）官方旗舰店的无线端更是缺乏标准，图上连 LOGO 都没有放。此外，其他专营店、专卖店原封不动地抄袭旗舰店视觉图。

当时的卡贝官方旗舰店的无线端视觉截图如图 1-10 所示。其中左图为 2015 年 5 月 1 日卡贝官方旗舰店的首页首屏，右图为该日首页第一张促销海报所导流引向的二级页面。

图 1-10　卡贝官方旗舰店无线端旧的首页和二级页面

如果仅仅看这个首页首屏，谁能知道这家店铺是卖什么的？

很多人看了第一张海报还以为这家店铺是卖镜头的——其实这张海报原本是想让消费者晒一下家庭装修，但是表达却跑偏了。点击这张海报图片会进入右边的二级页面，然而显示的内容还是让人搞不清楚：你到底想要消费者晒什么，晒的好处是什么？这说明店铺的购物路径的逻辑是有问题的。

通过以上可以看出，卡贝当时所做促销图片的选图和文案，都是没有标准的！

这里需要强调下，产品和促销文案是促销图片的两大核心。

（1）产品永远是第一视觉。

要知道，每个人逛淘宝（天猫）都是来买东西的，促销图片应该让消费者一眼就能看出店铺是卖什么的，所以店铺要将产品放在最突出的位置上。

（2）文案一定要突出利益点。

促销图片的目的就是要吸引点击，就要突出与消费者之间的利益点。上面海报中的文案“51那么美，我想晒一晒”显然不合理——你想晒一晒，这事和消费者有什么关系？

如图 1-11 所示，是当日卡贝旗舰店无线端首页的第二屏和第三屏。

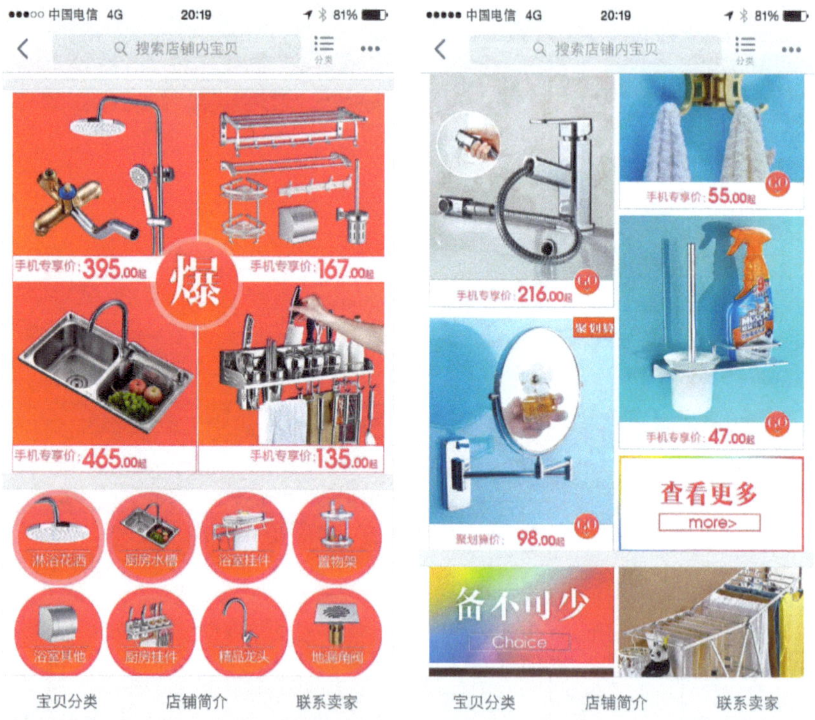

图 1-11 卡贝官方旗舰店的无线端首页第二屏和第三屏

从店铺移动端首页的第二屏和第三屏可以看出，当时卡贝在视觉设计的用色上是没有标准的，看起来五颜六色；字体、字号的使用也没有标准；促销图片上连 LOGO 也没有放。消费者进入这样的页面，很难对店铺产生记忆，基本上看过就忘！

如 1-12 图所示，是该日卡贝旗舰店无线端首页的最后一屏，点击某些图片还会产生无效链接。

图 1-12　卡贝官方旗舰店的无线端首页最后一屏（左）和失效页面

要知道，在无线端能让消费者多点击一次都是很难的事情，而这种无效访问，会让消费者的体验非常糟糕。

这说明店铺页面在上传后是缺乏监管机制的！

问题不只出在视觉端，运营和美工的配合流程也出了严重的问题。必须要建立一套完善视觉标准和设计流程，才能系统地解决现在的问题！

这次培训结束后，卡贝官方旗舰店的董事长青鸟觉得，一次培训是不能从根本上解决卡贝现在的问题的，于是接下来卡贝和我们签了一个年度视觉咨询协议。

经过 6 个月的视觉标准梳理，以及 6 个月的全国分销商推广实施，一年以后，卡贝的店铺发生了翻天覆地的变化。

首先搜索“卡贝”，全网形象统一了，如图 1-13 所示。

图 1-13　有了视觉标准后的卡贝全网形象

卡贝有了视觉标准后，全网形象发生了以下变化 。

（1）产品摄影形成统一的规范。

（2）主图的主色调统一。主图的主色调就只有三种颜色。

（3）主图 LOGO 的大小、位置、颜色统一。

（4）主图的价格标签位置、样式统一。

（5）主图的产品布局统一。

卡贝官方旗舰店的无线端首页也发生了很大的变化，如图 1-14 所示。

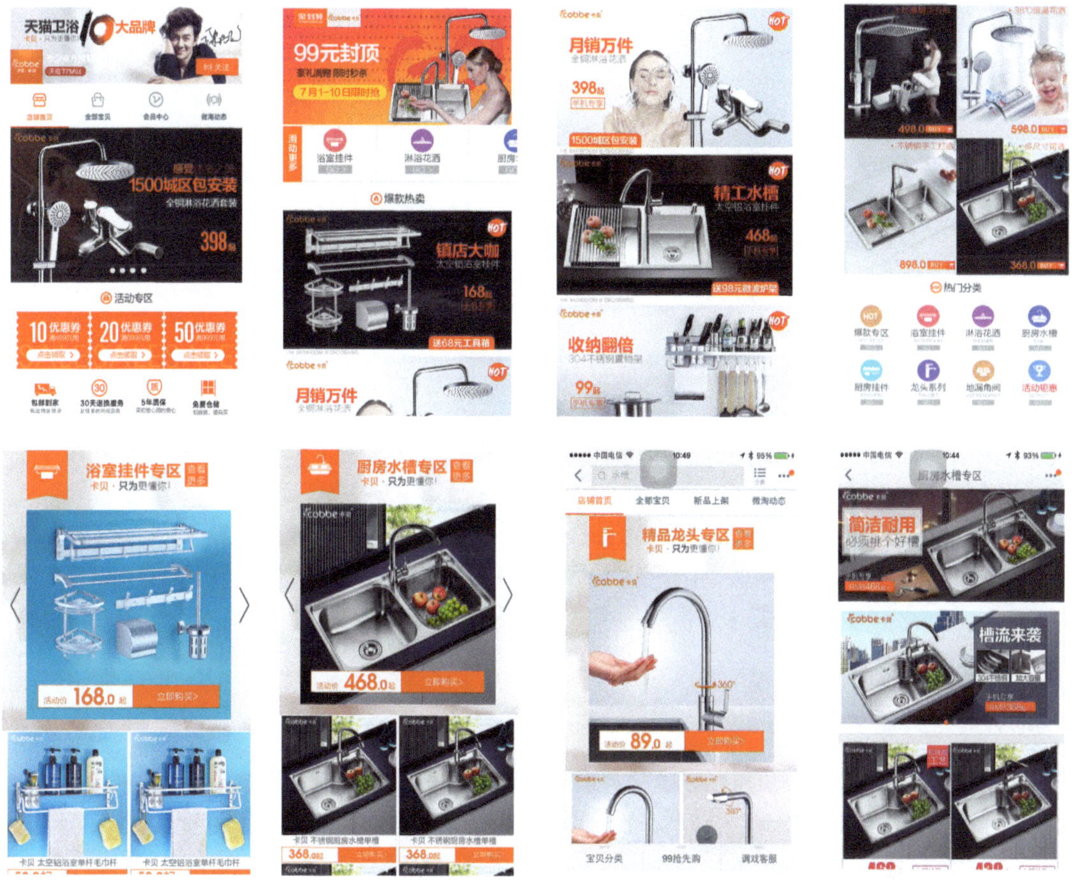

图 1-14　有了视觉标准的卡贝官方旗舰店的无线端首页

有了视觉标准以后，卡贝官方旗舰店的无线端首页发生了以下变化。

（1）店招体现了卡贝的品牌地位。品牌地位的背书是可以提升消费者信任度的。当然在做活动时，店招会改为活动店招，对此我们也做了相应的标准。

（2）所有的海报图上都放了统一的 LOGO，这主要是加深卡贝在消费者心目的印象。

（3）产品的拍摄极其规范，比如水槽的拍摄角度、水龙头的方向都朝着一个方向。

（4）页面购物路径逻辑清晰，产品布局重点突出。

（5）促销海报中产品形象突出、利益点突出。

卡贝官方旗舰店无线端首页做了严格的功能划分，并建立细节标准，如图 1-15 所示。

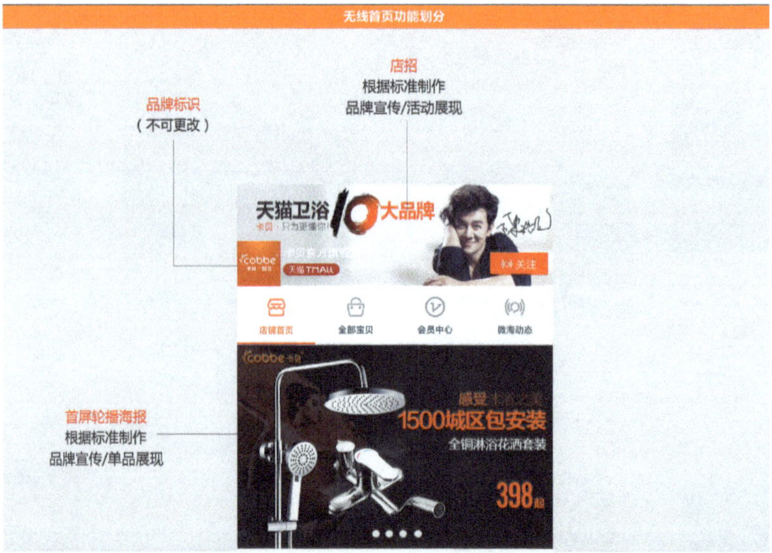

图 1-15　卡贝无线端首页的视觉标准

哪些地方可以更改、哪些地方不可以更改，都有严格的要求，如图 1-16 所示是规定了无线端首页视觉标准的 PPT 文件。

不仅如此，卡贝 PC 端和无线端的首页、活动页、平销和大促的布局思路、每个模块的功能作用，甚至细到每个模块的执行标准，我们也都做了严格的规范，所以每次做活动，运营和美工都很轻松地应对，如图 1-17 所示是卡贝无线端日常活动首页规范。

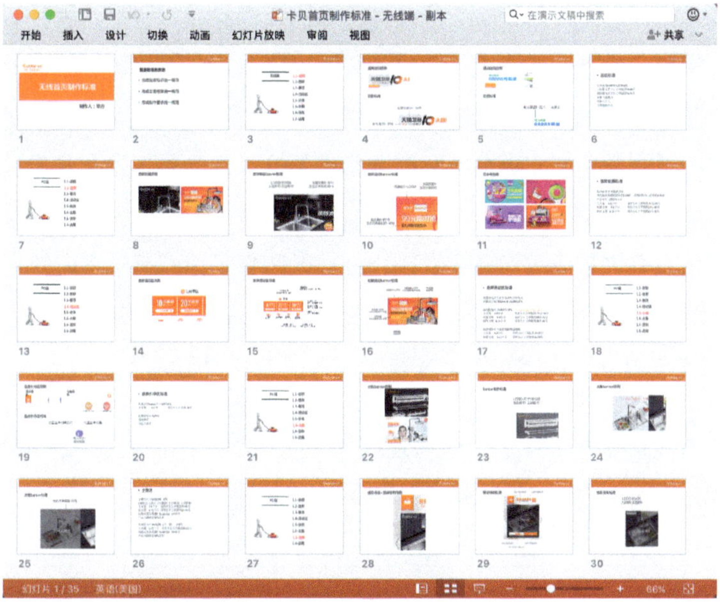

图 1-16 规定卡贝店铺无线端首页制作标准的 PPT

模块	内容				高度
店招(分流)	品牌形象图--链接到爆款落地页				
系统分类	导航按官方默认框架				
轮播模块（聚流）	第一张：太空铝毛巾架套装 第二张：全铜花洒套装 第三张：厨房双槽水槽 第四张：厨房不锈钢置物架				
优惠券	优惠券和日常店铺满送				
分类导航（分流）	爆款专区	浴室挂件	厨房水槽	厨房挂件	
	淋浴花洒	龙头系列	地漏角阀	新品专区	
爆款专区（聚流）	第一张：太空铝毛巾架套装				
	第二张：全铜花洒套装				
	第三张：厨房双槽水槽				
	第四张：厨房不锈钢置物架				
	第四张：不锈钢毛巾架套装				
DIY搭配专区（聚流）	淋浴花洒		水槽单槽		
			太空铝毛巾架套装		380PX-608PX

图 1-17 卡贝无线端日常活动首页规范

有了这样的标准，美工和运营之间的沟通就不会存在任何问题了，而且非常高效。之前无线端首页的改版需要一个熟练的美工花费两天时间才能做完，现在随便找一个美工花费半天就可以完成，而且效果都差不多。

也许大家已经迫不及待想知道这一套标准到底是怎么建立的。先不要着急，我在这本书里会慢慢讲解。

卡贝的故事还没有讲完。我们再看看没有标准时和有了标准后的页面数据变化，毕竟数据是检验真理的唯一标准！

2015 年 8 月卡贝旗舰店无线端的首页数据，如图 1-18 所示。

日期	浏览量	访客数	点击次数	点击人数	点击率	导成交金	引导支付人数	引导支付转化率
8月1日	15558	4684	5505	2427.00	35.38%	######	42	0.90%
8月2日	16460	5020	5822	2557.00	35.37%	######	48	0.96%
8月3日	16934	5289	5937	2712.00	35.06%	######	49	0.93%
8月4日	22597	7336	8347	3929.00	36.94%	######	97	1.32%
8月5日	24976	7416	9495	4029.00	38.02%	######	104	1.04%
8月6日	14702	4553	5054	2298.00	34.38%	######	52	1.14%
8月7日	13366	4295	4667	2156.00	34.92%	######	54	1.26%
8月8日	14668	4527	5316	2391.00	36.24%	######	55	1.22%
8月9日	15862	4835	5664	2564.00	35.71%	######	82	1.70%
8月10日	16893	4833	5741	2428.00	33.98%	######	51	1.06%
8月11日	22396	6848	8738	3737.00	39.02%	######	40	0.58%
8月12日	26351	7780	10117	4288.00	38.39%	######	168	2.16%
8月13日	22616	6780	8686	3668.00	38.41%	######	163	2.40%
8月14日	19687	6325	7458	3417.00	37.88%	######	64	1.01%
8月15日	20052	6266	7162	3361.00	35.72%	######	48	0.77%
8月16日	20518	6327	7525	3370.00	36.68%	######	64	1.01%
8月17日	20365	5971	8580	3211.00	42.13%	######	49	0.82%
8月18日	31808	10158	13170	5329.00	41.40%	######	34	0.33%
8月19日	40380	12732	16841	7095.00	41.71%	######	94	0.74%
8月20日	41542	13460	16904	7533.00	40.71%	######	95	0.71%
8月21日	26917	8282	10507	4437.00	39.03%	######	51	0.62%
8月22日	19174	5996	7322	3132.00	38.19%	######	38	0.63%
8月23日	18178	5870	6569	2992.00	36.29%	######	56	0.95%
8月24日	16677	5348	6139	2736.00	36.75%	######	34	0.64%
8月25日	15819	4971	5585	2533.00	35.31%	######	56	1.13%
8月26日	18554	5769	6868	3042.00	37.02%	######	115	1.99%
8月27日	20908	6526	7720	3431.00	36.92%	######	95	1.46%
8月28日	17251	5881	6232	2972.00	36.13%	######	50	0.85%
8月29日	18434	6330	6661	3313.00	36.13%	######	47	0.74%
8月30日	18477	6045	6592	3103.00	35.68%	######	42	0.69%
8月31日	17771	6133	6353	3024.00	35.75%	######	46	0.75%
					37.14%			1.05%

图 1-18　2015 年 8 月卡贝旗舰店无线端的首页数据

首页数据中，最受关注的两个数据是点击率和引导支付转化率。这两个数据指标可以在生意参谋后台获取。

可能有朋友会问：为什么只看这两个数据指标呢？难道访问深度、停留时间、跳失率等数据就不重要吗？

当然其他数据也很重要，但任何事情要抓关键指标。

请想一下，首页里每个图片是不是都是用来吸引顾客点击的？点击率好了是不是访问深度、停留时间、跳失率自然就好了呢？

点击率是考核美工的，引导支付转化率是考核运营的，而后者更关键，我们做视觉的目的就是为了成交，如何让首页的引导支付转化率更高，这就要看运营有没有合理地规划好首页购物路径，有没有把关键的位置给到高转化的宝贝和活动页。

2015 年 8 月，卡贝官方旗舰店的首页平均点击率是 37.14%，平均引导支付转化率 1.05%。

一年后，卡贝有了视觉标准。2016 年 8 月卡贝旗舰店无线端首页数据，如图 1-19 所示。

统计时段	浏览量	访客数	点击次数	点击人数	点击率	跳失率	平均停留时	引导下单买	引导下单转	引导支付买	引导支付转化率
2016-08-0	14,591	4,922	9,872	3,882	78.87%	21.13%	14.48	185	3.75%	155	3.14%
2016-08-0	8,115	3,263	6,478	2,704	82.86%	17.13%	16.54	88	2.69%	73	2.23%
2016-08-0	9,171	4,926	5,963	2,681	54.42%	45.57%	18.19	82	1.66%	73	1.48%
2016-08-0	7,504	3,351	6,355	2,645	78.93%	21.07%	15.62	100	2.98%	89	2.65%
2016-08-0	6,946	3,135	5,710	2,445	77.99%	22.01%	15.39	99	3.15%	90	2.87%
2016-08-0	6,372	2,908	5,053	2,225	76.51%	23.49%	15.02	79	2.71%	72	2.47%
2016-08-1	8,451	4,110	5,693	2,270	55.23%	44.77%	14.7	97	2.36%	85	2.06%
2016-08-1	9,120	4,566	5,602	2,242	49.10%	50.90%	15.63	76	1.66%	61	1.33%
2016-08-1	9,921	4,832	5,923	2,386	49.37%	50.62%	15.2	92	1.90%	83	1.71%
2016-08-1	9,632	4,983	5,751	2,504	50.25%	49.75%	15.24	63	1.26%	53	1.06%
2016-08-1	9,838	4,993	5,937	2,637	52.81%	47.19%	14.71	82	1.64%	65	1.30%
2016-08-1	11,811	5,627	7,655	2,991	53.15%	46.85%	15.55	242	4.30%	205	3.64%
2016-08-1	10,260	4,859	6,423	2,497	51.38%	48.61%	15.01	184	3.78%	170	3.49%
2016-08-1	9,444	4,021	4,678	1,939	48.22%	51.78%	14.92	113	2.81%	101	2.51%
2016-08-1	9,723	4,047	4,258	1,877	46.38%	53.62%	14.58	98	2.42%	86	2.12%
2016-08-1	8,905	3,838	4,038	1,800	46.89%	53.10%	14.87	64	1.66%	58	1.51%
2016-08-2	9,158	3,835	4,107	1,800	46.93%	53.06%	15.2	72	1.87%	67	1.74%
2016-08-2	9,773	4,038	4,580	1,928	47.74%	52.25%	14.86	96	2.37%	84	2.08%
2016-08-2	14,178	6,628	6,584	3,180	47.97%	52.02%	15.22	91	1.37%	82	1.23%
2016-08-2	9,601	3,916	4,298	1,846	47.14%	52.86%	14.45	76	1.94%	66	1.68%
2016-08-2	8,896	3,710	3,902	1,709	46.06%	53.94%	14.94	80	2.15%	69	1.85%
2016-08-2	8,016	3,397	3,526	1,566	46.09%	53.90%	14.35	72	2.12%	62	1.82%
2016-08-2	7,221	3,132	3,296	1,472	46.99%	53.00%	15.19	63	2.01%	56	1.78%
2016-08-2	8,690	3,537	4,080	1,668	47.15%	52.84%	14.59	61	1.72%	51	1.44%
2016-08-2	10,267	4,082	5,313	2,070	50.71%	49.29%	15.12	81	1.98%	69	1.68%
2016-08-2	9,711	3,751	4,619	1,825	48.65%	51.35%	14.15	128	3.41%	50	1.33%
2016-08-3	10,163	4,015	5,174	2,004	49.91%	50.09%	14.64	118	2.93%	61	1.51%
2016-08-3	14,544	5,413	7,559	2,840	52.46%	47.53%	14.49	147	2.71%	105	1.94%
2016-09-0	11,855	4,659	6,034	2,438	52.32%	47.67%	14.72	147	3.15%	80	1.71%
2016-09-0	11,409	4,830	5,767	2,451	50.74%	49.26%	16.45	117	2.42%	71	1.47%
					54.44%						1.96%

图 1-19 2016 年 8 月卡贝旗舰店无线端的首页数据

一年后，首页平均点击率已经提升到 54.44%，平均引导支付转化率达到了 1.96%。相比较，点击率增长了近 50%，引导支付转化率增长了近 90%！这是一个不小的进步了。

为什么会有这么好的效果呢？正是因为卡贝的视觉有了严格的标准，如图 1-20 所示。

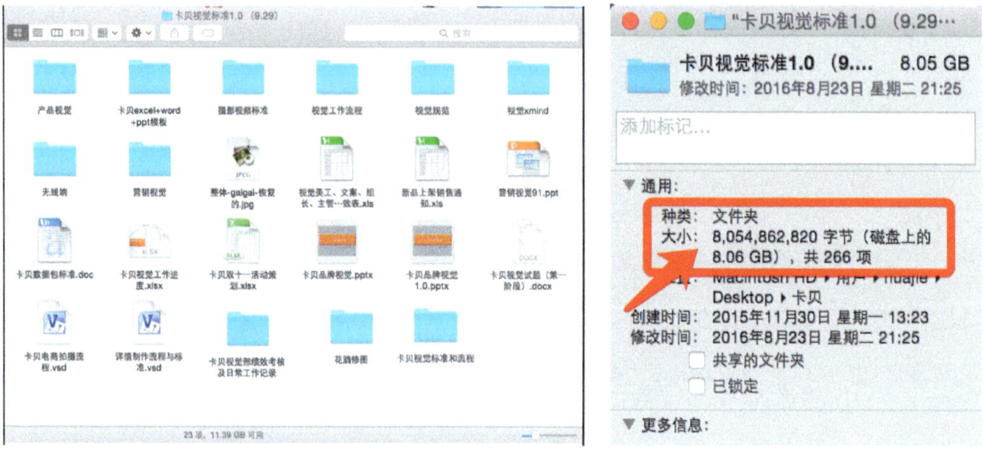

图 1-20　卡贝严格的视觉标准文件

我们制定了品牌视觉、产品视觉、营销视觉、视觉相关的工作流程、拍摄标准、视觉标准、文件存档标准等，整个文件夹大小达到 8.06GB。

这还只是一部分，还有很多内容没有放进来。所有能想的细节我们都做出来了。我们还做了视觉标准测试题，如图 1-21 所示是部分测试题，每个美工应聘者、在职美工、运营都要通过考试才能上岗。

卡贝视觉标准试题一

本卷为第一阶段测试题
满分 100 分，考试时间：30 分钟

试题分单选、多选、判断、理解题四类，单选题 10 题，总共 30 分；多选题 4 题，总共 20 分；判断题 10 题，总共 30 分；简答题 2 题，总共 20 分

一、单选题：

1.卡贝的 slogan 是：　　（　　）
A.卡贝·只为更懂你
B.卡贝·更懂你的厨卫专家
C.卡贝·十年专注 创百年品牌
D.卡贝·美好生活

2.卡贝 LOGO 的颜色标准为：　　（　　）
A.主色为：红色
B.主色为：蓝色
C.主色为：橙色
D.主色为：白色

3.主图中 LOGO 的颜色：　　（　　）
A.橙色和白色
B.橙色和蓝色

图 1-21　卡贝视觉标准试题（部分）

可能有人会奇怪，为什么运营人员也要参加美工的考试呢？

因为美工是运营的支持部门，大部分工作是需要这两个岗位协同才能完成的，所以他们应该有相同的审美观和执行标准。

有了这套标准，不只是数据变好了，还会产生以下惊人的效果。

1. 美工的工作效率提高了

原来需要美工花费两天才能做完的工作，现在美工花费半天就可以做完。当时，卡贝的运营总监着急了，忙问我：“朱老师，美工们太闲了怎么办？”

我说：“闲了是好事呀，难道他们每个人的技术都很牛了吗？可以组织大家互相学习呀！正好我们下一步要做学习成长体系，就拿视觉部开始做典范吧！”

于是我就让卡贝的设计总监把美工设计师应该掌握的技能全部罗列出来，并且把初级、中级、高级设计师应该掌握的技能划分出来，如图1-22所示，这为以后美工设计师晋级提供了依据。

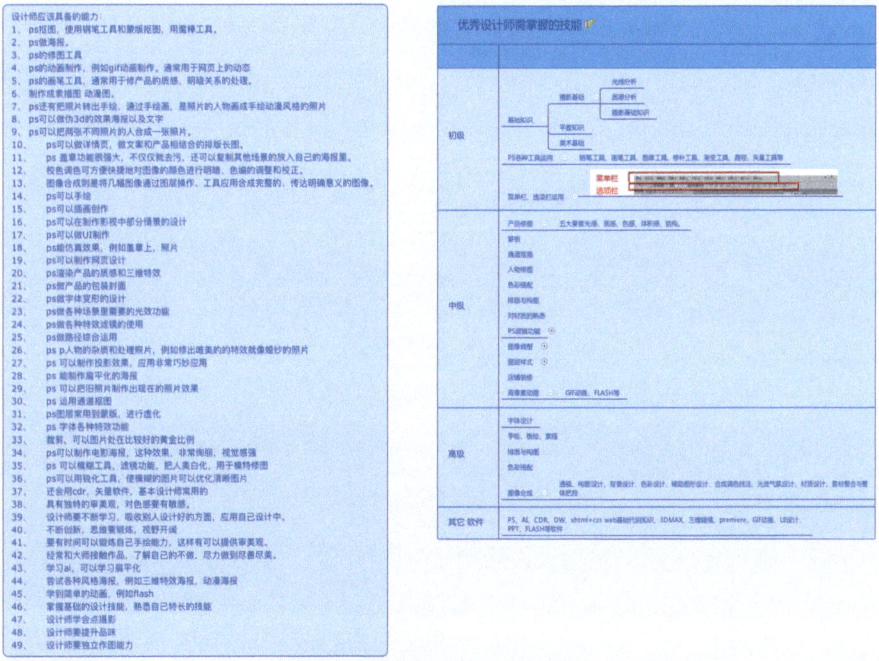

图1-22 卡贝设计师需要掌握的技能

有了上面的知识框架后，我们要求每个美工设计师把自己的短期目标写出来，如“自己需要提升的内容”“想玩到极致的内容”等，如图 1-23 所示。

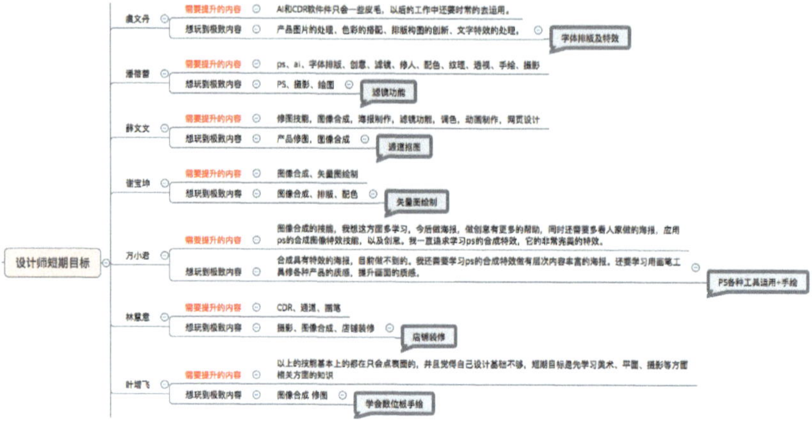

图 1-23 卡贝设计师的短期目标

再要求每个人把自己最擅长的内容也写出来和讲出来，而且给优秀的设计师安排课表，如图 1-24 所示。

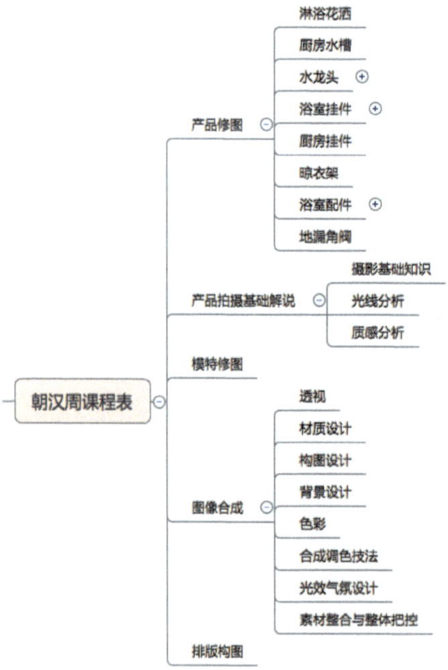

图 1-24 卡贝优秀设计师周课程表

因为工作效率提升了，所以美工有时间来互相学习。我们把每个美工擅长的知识统计出来，然后要他们分享。分享也可以获得积分，积分一方面作为美工晋级的重要参考指标，另一方面还可以换成奖励——奖励有现金，也有荣誉证书！

2. 美工的积极性高了

原来美工工作是"吃大锅饭"，做好做坏一个样，做多做少一个样，现在我们有了标准，采用工单管理，如图 1-25 所示，美工每做一件事都会有积分，如图 1-26 所示。除了特殊任务运营指派专人制作外，每天美工们自己抢工单，工单抢得多，工资自然就高。

美工工单-内部					
工单发起时间	9月4日		最晚完成时间	9月9日	项目组填写
任务发起人	婷婷		项目名+编号	首页	项目组填写
人员安排	雪		积分	15H	美工组填写
任务	具体见表格2				项目组填写
任务要求	具体见表格2				项目组填写
预计正常工时	15H				美工组填写
加急调整后工时			加急原因		项目组填写
时间安排	起始时间：	9月5日	结束时间：	9月7日	美工组填写
完成情况	未按时完成		未完成原因	责任鉴定	美工组填写
发起人评分			设计主分评分		项目组填写
注意:工单由各项目组发起，美工组经审核后从起始时间开始执行；执行中任务发起人跟踪进度并协助。 为保证美工效率，请确认所有准备工作（资料、方案）到位并确认后再下发美工单。					

图 1-25　卡贝美工工单

设计工作积分					
项目		项目细则		工时/积分	备注
PC端	首页	店招		0.5-1H	正常工时3个工作日 22-25小时 代码另外加工时
		首屏轮播		1-3H	
		轮播弹出		0.5	
		悬浮		0.5	
		活动区		2H	
		品类分类		0.5	
		主推		1H	
		聚划算区		2H	
		预售区		2H	
		次推		1H	
		中部导航		0.5H	
		货架x10		1H	
		底部导航		0.5H	
		店尾		0.5H	
	二级页面/活动页面/聚合页	海报		1-3H	2个工作日 13-15小时 代码另外加工时
		活动区		2H	
		产品陈列xN		1H	
		悬浮		0.5	
		主图	主图设计	0.5-1H	
			颜色分类	0.5-1H	
			批量修改	0.1H	
		宝贝详情	海报设计	1-3H	1-3工作日 9-27小时
			品牌简介	0.5	
			核心卖点3-7	1H	
			产品信息	1H	
			产品尺寸	1H	
			产品细节xN	0.5H	
			产品包装	0.5H	
	详情页		产品全家福	0.5H	

工单　工作积分　扣分标准　工作记录　岗位绩效考核

图 1-26　卡贝美工工单积分标准

不过，在使用这套工单管理的过程中，我们发现统计工单的工作量非常大，而且也容易出错，于是后来我们帮卡贝重新梳理了美工工单的流程，如图 1-27 所示。

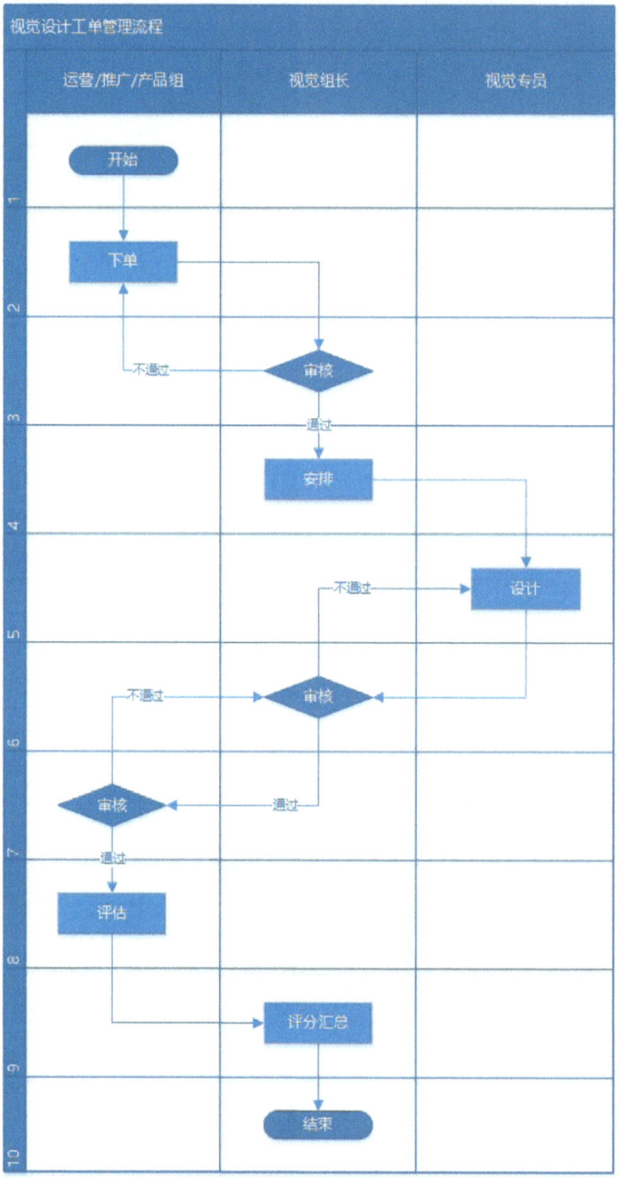

图 1-27 视觉工单流程

将这个流程汇总，我们发现了以下几个问题。

（1）运营每次下单，都要通过视觉组长转发。

（2）美工完成了设计，还要视觉组长审核。

（3）视觉组长审核完了，还要统计。

视觉组长这么重要的岗位，做的却是一个统计专员的工作，所以必须把他解放出来。

于是在此流程的基础上，我又帮卡贝开发了一套工单管理系统。运营在这个系统上下工单，美工在上面抢工单（当然运营也可以指派具体某个美工做），然后由系统自动统计每个美工的工单积分。

下面我用图例给你演示一下整个美工工单管理过程。如图 1-28 所示，是运营第一次下单做“双 11 无线首页聚划算轮播”图片。这个工单可以积 3 分，是系统自动推送出来的。无论谁来做这个工单，只要最后没有出错，都可以得 3 分。

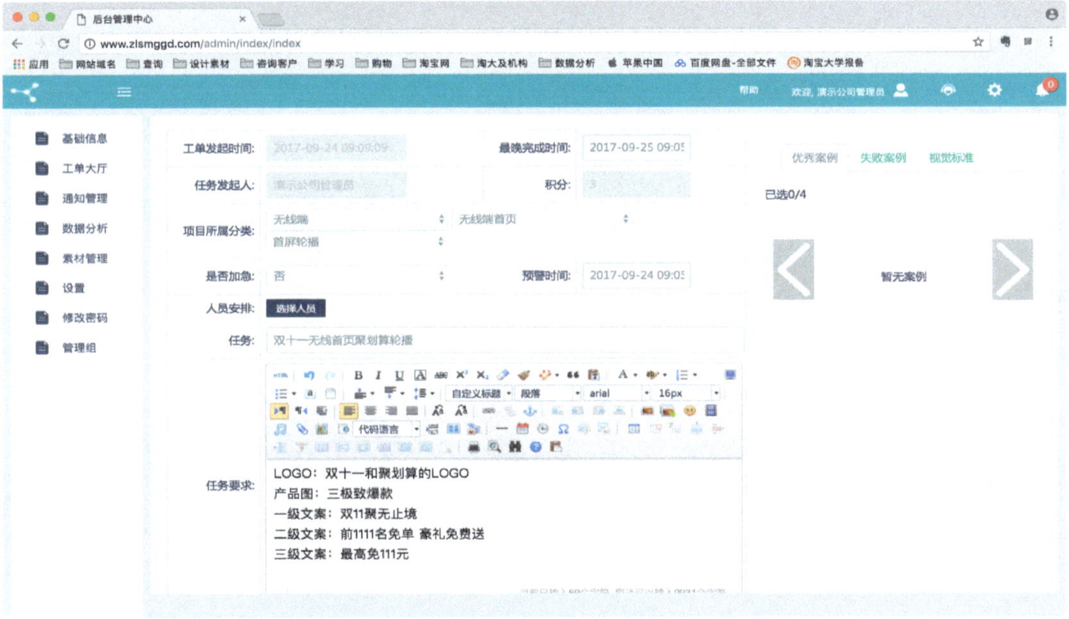

图 1-28　运营下工单

如果是第一次下单，右侧优秀案例、失败案例是空的。如果提前设置了“视觉标准”，运营下单时和美工接单时，都可以先看这个标准。有了这个标准，即使是一个新来的美工都会做得很好。

运营在下单的时候，如果没有选择具体某一个美工做，那么每个美工在工单列表里都可以抢单，如图 1-29 所示。如果指定了某个美工做，别人就不可以抢了。

图 1-29　美工可以抢单

美工抢完工单后，要在指定的时间内完成作品，否则会被扣分，如图 1-30 所示，是美工上传作品。

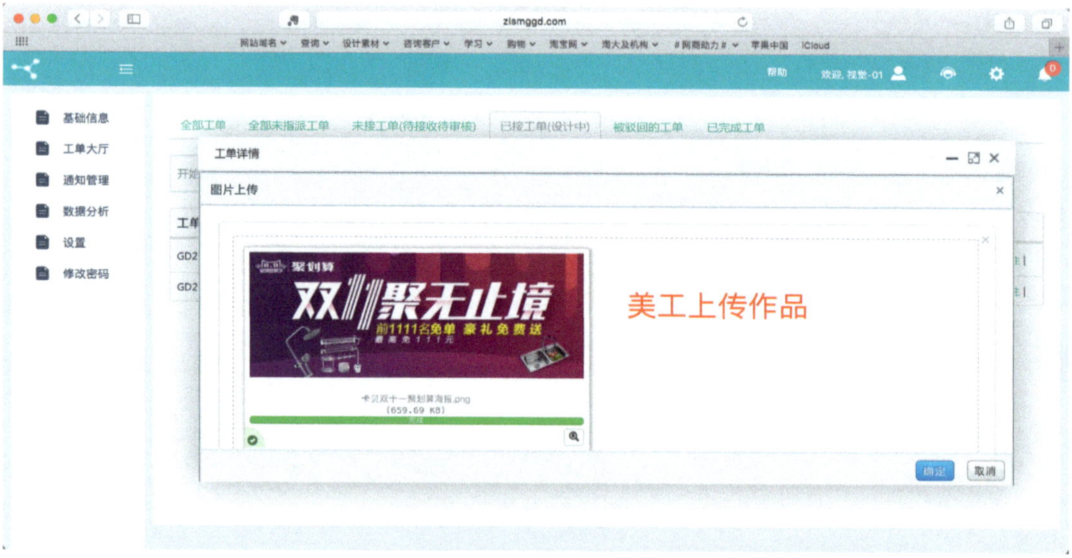

图 1-30　美工上传作品

美工上传作品后，运营就会接到通知，此时来验收作品。运营如果发现有问题就会给美工扣分，驳回重做，这样就要求美工在每次提交作品前，都要认真检查，确认无误后再提交，否则就会浪费大家的时间，如图 1-31 所示。

图 1-31 运营验收工单

运营验收结束后，可以马上将这个作品设置为优秀案例或失败案例，如图 1-32 所示；也可以过段时间后，根据这个图片的相关市场表现数据再设置。

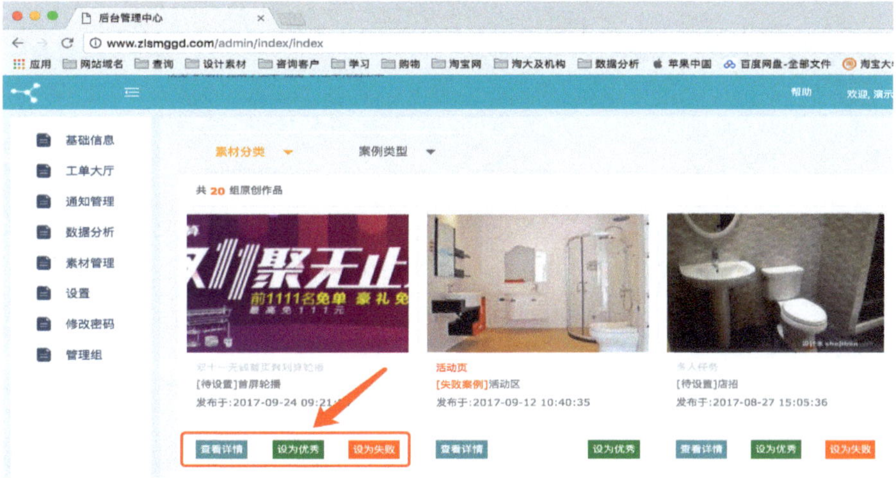

图 1-32 设置优秀或失败案例

这样一来下次有人再下这个“双11无线首页首屏轮播”工单时就有了参考，如图1-33所示。

图1-33　有了优秀案例后的无线端首页首屏轮播

有了这套系统，运营和美工就都可以随时查看任何时间段内所有美工的积分榜。每个积分就会对应相应的薪水，大家多劳多得，少劳少得，不劳不得！如图1-34所示。

图1-34　美工工单积分榜

有了这套系统，每个美工就可以按总积分晋级了，比如达到 3000 积分，可以从实习美工升为初级美工；达到 6000 积分可以升为中级美工；达到 12000 积分升级为高级美工。当然对于这个标准，每个公司可以根据情况自行定义。

当企业用这套系统时间越久，企业的视觉素材库沉淀就会越多，美工工作就会越轻松。

目前这个美工工单系统已经产品化，如果你也想用，可以和我的助理联系，申请免费试用，电话：18171385315，微信号：654043249。

1.4.2 只有视觉标准是不够的

大家是不是觉得，卡贝有了这套标准应该很了不起了呢？实际上，一个企业的强大，只靠一套视觉标准是远远不够的！

所以，从第二年开始我帮卡贝做品牌升级，升级内容包括以下几个方面，如图 1-35 所示。

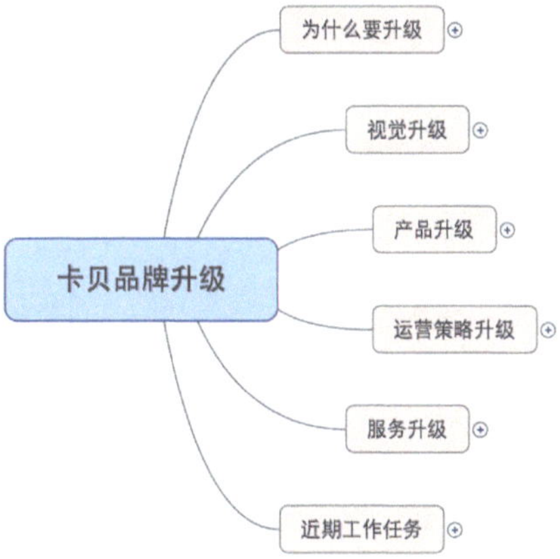

图 1-35 卡贝品牌升级大纲

1. 为什么要升级

任何一个企业的强大要靠很多套强大的系统！

有很多小电商企业总是担心被竞争对手抄袭。有这种想法，说明他们还不够强大，竞争优势不多，不系统。试想一下，假如你去抄袭三只松鼠的视觉，三只松鼠会害怕吗？一点都不怕，因为三只松鼠不仅仅是视觉强大，其强大之处你无法完全抄袭。你去抄袭三只松鼠的客服、产品、运营等，三只松鼠会害怕吗？也不怕，因为你也不可能什么都抄到 100%。事实上，三只松鼠还把自己的品牌、运营、管理故事写成书《松鼠老爹与三只松鼠》让大家去学习，去传播。

不要害怕被抄袭，竞争对手成功复制你的某一项特色的概率通常小于1，而成功复制你的整个系统优势的概率更是迅速降低。所以，竞争对手几乎不可能复制整个系统。

碎片化的知识只能改变业绩，系统化的知识才能改变命运。

卡贝能有今天的成就和地位，一定不只是视觉做得好，所以我们还要将视觉、产品、运营策略、服务体系等方面进行全方位的系统升级，这样才能给消费者带来更好的体验！

2．视觉还要怎么升级

现在这套视觉标准很容易被竞争对手模仿，我们要做自己的品牌活体，类似于三只松鼠的松鼠、天猫的猫，京东的狗等，这些都是它们的品牌活体，如图1-36所示。

图1-36　三只松鼠、天猫、京东的品牌活体

有了类似于这样的品牌活体，视觉才有本质的差异化，企业才会有自己文化，竞争对手也无法模仿和抄袭！

3．产品升级要做什么

电商企业要想更好地生存下去，不打价格战，必须具备产品创新能力！

只有围绕消费者需求开发出来的产品，才会有更好的转化率！

卡贝目前的产品开发现状有如下几点。

（1）新成立了产品研发小组，搭建产品开发流程及供应链管控体系。

（2）随着竞争的趋同，爆款单品的价格一降再降，反而没有以前卖得好。价格战越来越白热化，客单价越来越低。任何一个企业的发展都应该考虑如何让客单价往上走，而不是往下走。如果卡贝没有革命性的新产品，公司的客单价不可能再往上走，竞争将面临非常严峻的挑战。商业竞争，唯快不破，所以要请产品部和运营部及公司高层尽快确定新产品开发方向并提升开发速度。

（3）加强产品质量把控。如果评价中反馈产品质量问题比较多，就会影响新消费者的购买心理，还会加大售后客服的工作量。

卡贝产品的研发建议如下。

（1）梳理现有产品线，尽快淘汰没有利润的产品。

（2）产品品类尽量聚焦，让消费者能够清晰知道卡贝主要是卖什么的，越清晰越好。

（3）形成卡贝的产品三角形矩阵，覆盖高中低端人群。

（4）开发竞争性产品，开发市场前趋性产品，多收集新品研发渠道，并整理出一套行之有效的新开发流程及标准。可以分析行业数据，也可以定期和客服沟通——从客服那里能够获取很多新品研发方向的资讯，因为消费者会经常问他们“有没有某些产品”等问题。

（5）维护防守型产品，加强现有产品微创新。维护现有产品需要多看评价，从而改进产品质量和功能，从每个细节入手。

（6）产品是一个企业的核心。需要多与运营沟通，配合运营。产品部是运营部的坚强后盾。

经过一年的调整，卡贝的视觉、产品、运营、服务等体系得到一项项完善，卡贝在行业内部的总体排名已经进入了 TOP3，如图 1-37 所示，且在卫浴很多单品类目里都是 TOP1。我相信卡贝的明天一定会更好！

品类： 平台： 时间：自定义 2017-08-22 2017-09-20

行业概况分析 单品牌行业表现 品牌汇总对比

总体概览

序号	基础数据			销额			销量			评论		
	品牌	品类数	均价	销额(万元)	环比	占比	销量	环比	占比	总评论数	好评数	好评率
--	行业总体	22	180	111,810.51	15.58%	--	6,199,837	8.74%	--	657,936	582,599	88.55%
1	箭牌	22	814	7,457.76	17.16%	6.67%	91,602	18.6%	1.48%	19,897	18,084	90.89%
2	九牧	20	375	7,353.93	17.54%	6.58%	196,285	-5.98%	3.17%	35,320	31,044	87.89%
3	卡贝	16	256	2,794.37	3.41%	2.5%	109,224	5.85%	1.76%	16,044	14,142	88.15%
4	科勒	22	1,275	2,569.89	19.68%	2.3%	20,154	15.74%	0.33%	2,858	2,538	88.8%
5	TOTO	18	1,796	2,149.78	-8.12%	1.92%	11,970	-3.44%	0.19%	1,586	1,379	86.95%
6	津上	2	4,273	1,647.20	20.91%	1.47%	3,855	18.72%	0.06%	799	778	97.37%
7	法恩莎	21	990	1,531.99	15.88%	1.37%	15,470	17.46%	0.25%	3,625	3,250	89.66%
8	摩恩	18	555	1,257.79	-0.86%	1.12%	22,664	5.19%	0.37%	2,606	2,322	89.1%
9	艾宝格	2	2,167	1,207.33	168.55%	1.08%	5,571	96.92%	0.09%	549	530	96.54%
10	恒洁	20	764	1,128.82	8.65%	1.01%	14,776	11.82%	0.24%	1,911	1,615	84.51%
11	松下	10	2,662	916.98	40.8%	0.82%	3,445	41.48%	0.06%	2,096	1,978	94.37%
12	心海	13	2,203	909.10	110.67%	0.81%	4,127	192.7%	0.07%	169	154	91.12%
13	摩普	7	2,563	875.64	22.64%	0.78%	3,417	32.13%	0.06%	658	571	86.78%
14	人文	2	1,413	853.89	590.71%	0.76%	6,045	1309.09%	0.1%	345	315	91.3%
15	九牧王	16	135	810.11	-13.17%	0.72%	59,834	-0.35%	0.97%	6,722	6,446	95.89%

图 1-37 卡贝在行业中排名第三

两年的咨询结束后，我也得到了卡贝的高度认可，被授予“卡贝最佳导师”称号。当然，卡贝能够取得今天的成就也是和卡贝小伙伴们强大的执行力分不开的！

第 2 章 电商视觉到底怎么玩

2.1 看网红怎么做电商

2012 年左右，我们还在对传统企业的老板们讲：“未来要么电子商务，要么无商可务！”然而才过去几年时间，现在的“电商”已经悄然变成了“传统电商”了……

是的，电商发展得太快了！

马云 2017 年伊始就在说：“未来的十年、二十年，没有‘电子商务’这一说，只有‘新零售’这一说，也就是说线上、线下和物流必须结合在一起。”

未来的商业模式一定是去平台化的，也就是不依赖于任何某一种商业平台（比如天猫、淘宝或线下商场等）的交易模式，只要有人与人之间连接的地方，都可以产生交易！

马云在 2013 年时就已经开始布局天网、地网、人网。天网就是大数据、云计算，因为未来就是一个智能化的大数据时代；地网就是物流；人网就是人们的各种社群、娱乐平台等。

新的商业环境是以人为核心的，比如说网红、达人等，他们只要能够持续不断地为粉丝输出内容和价值，他们的粉丝就会对他们产生信任，这时就会产生交易。

2015 年时，我认识了一位网红，我发现网红店铺比纯电商的生意要容易很多，不像纯电商模式的竞争那么激烈和白热化！

这位网红虽然只是一个“90 后”的小女生，但她已经是一个国际芳疗师，而且很会制造内容，她的新浪微博有 666 万粉丝（截至 2017 年 12 月），如图 2-1 所示。

她和粉丝们的互动频率非常高，专门有一个团队帮她创作各种视频剧本，很多视频的浏览量可以过千万人次。如图 2-2 所示，左边的直播视频的播放次数有 1578 万次，右边的是她在马尔代夫的直播视频，播放次数则达到了 947 万次。

图 2-1　这位网红的新浪微博

图 2-2　她的被播放千万次的视频

有时你看网红微博里的视频和图片，经常就是他们在全国乃至全球到处玩乐。很多粉丝都很羡慕网红的这种生活，觉得他们玩得很嗨，其实那也是他们的工作。他们每到一个地方，不是想“到哪里好玩”，而是想“哪里更适合拍摄”“怎么拍”“拍摄时要说什么”等，都要事先想好。因为他们是公众人物，不能随便乱说，所以晚上还要剪视频。他们的穿衣打扮也要特别讲究，基本上每天都不能重样，这也是一个很大的挑战。看来做网红其实也蛮辛苦的。

这位网红的新浪微博里还会发布很多关于芳疗、护肤、美妆的知识，甚至还会发布搞笑好玩的段子。网红只要能够源源不断地为粉丝输出他们感兴趣的内容，就会受到粉丝的持续关注。有关注就会产生经济价值。

如果这些内容都是由一个人完成的，那么她肯定会很辛苦，所以后来她组建一个自媒体部，这个部门的主要任务就是帮她输出内容。她要求自媒体部要有完善的视频文案策划流程，全年视频方案制作的数量不少于600篇，如图2-3所示就是自媒体部详细的任务指标。

自媒体部2016年工作指标拆解

层面	目标	行动计划	衡量指标	责任人	完成时间	目标值设定					权重
						卓越	优秀	良好	一般	较差	
						5	4.5	4	3.5	3	
财务5%	广告收入	广告收入金额		[illegible]	全年	≥100%	≥98%	≥95%	≥93%	<93%	3%
		减少粉丝单价			全年	≥100%	≥98%	≥95%	≥93%	<93%	2%
客户50%	吸引和保留更多的顾客	每月“我的影响力”增加	50		全年	[illegible]0万	≥95万	≥92万	≥91万	≥90万	45%
		全网负面文案数量	0篇		全年	≤10%	≤9%	≤12%	≤13%	>13	5%
内部流程与管理35%	自媒体运营流程	视频文案策划流程，视频制作数量	600篇		全年	≥100%	≥98%	≥95%	≥93%	<93%	5%
		视频转发	达到[illegible]每月定的指标			≥100%	≥98%	≥95%	≥93%	<93%	5%
		视频评论	达到[illegible]每月定的指标			≥100%	≥98%	≥95%	≥93%	<93%	5%
		视频点赞数量	达到[illegible]每月定的指标			≥100%	≥98%	≥95%	≥93%	<93%	5%
		高阅读量微博文案策划流程，粉丝互动数量			全年	≥100%	≥98%	≥95%	≥93%	<93%	5%
		公众微信文章发布数量				≥100%	≥98%	≥95%	≥93%	<93%	5%
		公众微信文章阅读量			全年	≥2%	≥1.42%	≥1.2%	≥1%	<1%	5%
学习与成长10%	提升队伍的专业技能	熟练的办公技能（思维导图、PPT、EXCEL、WORD、其他的技能）			全年	≥15	≥12	≥10%	≥8	<8	3%
		沟通技能（邮件、约谈、其他沟通技巧）									2%
		专业知识（产品知识、护肤知识、娱乐新闻、服饰搭配）									3%
		内部学习	每周交流学习		全年	≥15	≥12	≥10%	≥8	<8	2%
		合计									100%

图2-3 自媒体部2016年工作指标拆解（注：部分核心数据做了隐藏处理）

类似于这样的网红还有很多，如papi酱、罗辑思维等，他们背后都有团队帮他们输出内容。只要有粉丝不断关注他们的内容，他们偶尔推荐的产品，粉丝们就会争相购买，此时网红不管是在淘宝、京东、微店、1号店等任何一个交易平台开一个店铺，都可以产生交易。这样的店铺甚至不用开直通车、钻展，就会有持续不断的流量进店，而且大都是直接搜索品牌进店的，这样进店的流量所带来的客户转化率和客单价也会很高。

其实，这位网红在2010年就开了一个淘宝店铺，销售化妆品，随着粉丝不断增加，店铺的销量也井喷式增长。该店铺每年的销售额都成倍地往上翻，到2016年时，全年的销量额已经过亿元了。当一个店铺快速发展时，最需要的就是制定标准和流程，不然发展得越快，公司的后端管理问题就会越大。

通过朋友介绍，她知道我能够解决她的困惑，就请我来做她的品牌运营咨询顾问。通过一年半的梳理，我帮她的团队建立了一套完善的年度运营规划、视觉标准，以及各岗位科学合理的KPI绩效考核方法，教会了她的团队如何拆解全年任务目标，并把这些目标分解到每个月、每个部门，最后落实到每个人身上。

现在她的公司的一切都在井井有条地往前发展。如图2-4所示是其公司运营部2016年工作核心KPI指标的拆解，这里面有些指标会再拆解到下面的子部门，还有更多的运营流程和标准限于篇幅无法一一展示。

运营部2016年工作指标

层面	目标	行动计划	衡量指标	责任人	完成时间	目标值设定					权重	达成情况描述	实际达成	指标得分	计算得分
						卓越	优秀	良好	一般	较差					
						5	4.5	4	3.5	3					
财务40%	销售收入增加	全渠道销售总额	¥120,000,000.00	刘洋	全年	≥100%	≥98%	≥95%	≥93%	<93%	30%		115,000,000.00	4.50	1.35
		全年付费流量费用支出占总销售额占比	8.56%	刘洋	全年	≤7%	≤8.38%	≤9%	≤10%	> 10%	10%		8.00	4.50	0.45
客户20%	吸引和保留更多的顾客	年度渠道引流计划	25,529,775	刘洋	全年	≥100%	≥98%	≥95%	≥93%	< 90%	10%		24,000,000	4.50	0.45
		UV价值	4.70	刘洋	全年	≥5	≥4.53	≥4	≥3.5	< 3.5	5%		5.01	5.00	0.25
		全店转化率	1.42%	刘洋	全年	≥2%	≥1.42%	≥1.2%	≥1%	< 1%	5%		2.00%	5.00	0.25
内部流程与管理25%	电商产品设计	电商产品规划	规划方案完成率	刘洋	全年	≥100%	≥98%	≥95%	≥93%	<93%	5%		98.00%	4.50	0.23
	电商运营流程	淘宝客流程，提升淘宝客销售占比	0.31%	刘洋	全年	≥0.5%	≥0.31%	≥0.28%	≥0.2%	< 0.2%	3%		0.40	4.50	0.14
		直通车优化流程，提升直通车ROI	2.08	刘洋	全年	≥2%	≥1.64%	≥1.5%	≥1%	< 1%	3%		2.00%	5.00	0.15
		钻展优化流程，提升钻展ROI	2.77	刘洋	全年	≤7.8%	≤6.78%	≤5.8%	≤5%	< 5%	3%		8.00%	5.00	0.15
		SEO优化流程，自然搜索流量占比	35.95%	刘洋	全年	≥40%	≥35.04%	≥30.4%	≥28%	< 28%	3%		36.00	4.50	0.14
		优化购物路径，关联营销的完善，提升客	316.16	刘洋	全年	≥320	≥316.16	≥300	≥290	<290	5%				
		页面优化流程，提升宝贝描述动态评分	≥4.8%	刘洋	全年	≥4.9%	≥4.8%	≥4.7%	≥4.6%	< 4.6%	3%		4.90	5.00	0.15
学习与成长15%	提升队伍的专业技能	运营部各职能部门流程编制	编制完成率	刘洋	全年	≥100%	≥98%	≥95%	≥93%	<93%	2%		100%	5.00	0.10
		运营部各职部门与客服、美工的沟通	全年至少12次	刘洋	全年	≥15	≥12	≥10%	≥8	<8	10%		12	4.50	0.45
		运营部各职能部门工作对接标准	编制完成率	刘洋	全年	≥100%	≥98%	≥95%	≥93%	<93%	3%		80%	3.00	0.09
		合计									100%				4.34

图2-4 网红店铺2016年店铺运营规划

2017年9月，她的店铺已经是两个金皇冠，拥有淘宝粉丝167.6万人，好评率达到99.69%，DSR动态评分都在4.8分以上，都高于同行20%以上，如图2-5所示。其店铺的老客户复购率达到50%左右，客单价在同品类中比传统电商品牌高出好几倍。

这个店铺流量结构和纯电商店铺模式完全不一样，几乎不需要通过直通车、钻展等付费方式引流，淘宝上类似于聚划算、天天特价等低价引流的活动从来不参与，标题也不怎么优化，依然可以获取大量的流量。这样的店铺实际是在给淘宝引流。

这家店铺的80%的流量都是直接搜索品牌名进店的。如图2-6所示，平台提供的联想搜索词都有她所卖的品类——搜索“品牌词”的转化率肯定会比搜索“品类词”的转化率要高很多，所以她的转化率一直高于同行业。

图 2-5 其店铺简介

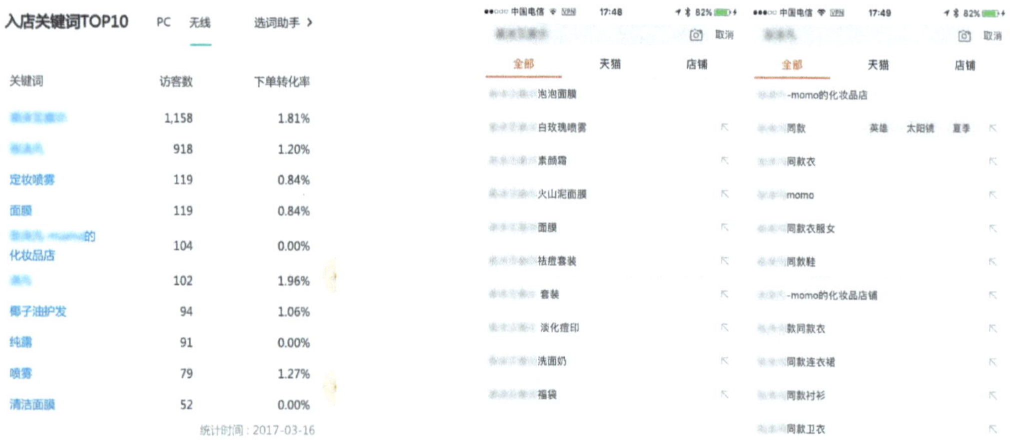

图 2-6 该店铺的品牌词搜索联想

特别是搜索她的名字时，平台搜索联想出了“××× 同款衣”“××× 同款鞋”“××× 同款连衣裙”等，这些搜索词都是用户行为造成的，说明她的粉丝不只喜欢她所卖的化妆品，同时还喜欢她的穿衣打扮。当一个人喜欢另外一个人时，他会喜欢这个人身上的一切。

当你发现该店铺是这种流量结构时，该店铺的视觉就应该是以网红的形象图作为第一营销图，如店招、主图、促销海报、直通车、钻展、详情页等都应该是网红形象图。因为她的粉丝都认识她，对她有亲切感，把她的形象图放在促销图上可以让粉丝第一眼就识别出来，而且这样的图片有很强的视觉差异化。

如图 2-7 所示是网红的品牌活体（能够代表品牌形象的人或物）定义。

图 2-7　网红店铺的品牌活体

除了视觉上要使用她的形象，详情页文案、促销文案也都是要以她的口吻来推荐，因为她本身就是意见领袖。

有一次我遇到这样一个问题：有一个宝贝是全店流量最高的，但转化率却是最低的。该宝贝 7 天的访客数有 58249 人，而转化率却只有 0.39%，如图 2-8 所示。

网红店铺出现问题宝贝时（高流量低转化率的宝贝），你不能只用纯电商的方式去分析问题宝贝转化率低的原因，比如当时我就开始从评价、流量入口、店内活动、宝贝文案、视觉等方面去找原因，分析了一圈，也做了很多修正措施（优化详情页等），结果收效甚微。

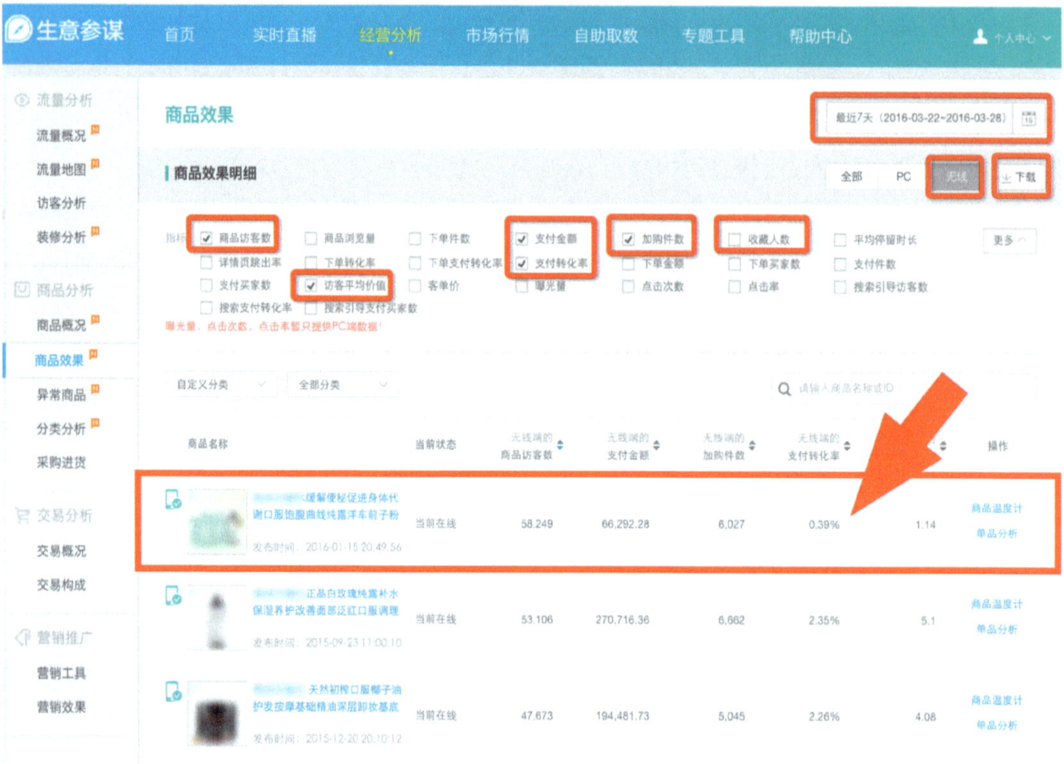

图 2-8　分析她的店铺问题宝贝

后来我跟她反映了这个问题，她笑了一下，当天就发一条微博，讲了这个产品的功能、功效，以及她自己使用这个产品前后的对比，第二天这个宝贝就是全店流量最高、转化最好的宝贝。

不得不服，这就是意见领袖的魅力，这就是粉丝经济——得粉丝者得天下！

虽然同是开淘宝店，她的淘宝店铺就是微博粉丝的一个承接窗口，为粉丝提供一个成交平台。只要她在微博和粉丝互动，她的淘宝店铺就会有成交，而且很轻松。

作为纯电商模式的商家，也一定要想想自己该如何做内容营销，而不只是单纯去卖货。

2.2　传统电商的三大战役

什么是传统电商？

基于某一个平台的电子商务模式都是传统电商，也就是说：在天猫、淘宝、京东、1 号店等这样的电商平台上经营店铺的商业模式都是传统电商。

而基于平台的这种传统电商模式，却形成了有史以来竞争最激烈的一种商业环境——之前没有任何一个时代的商业环境可以让商家 24 小时不打烊，而且这种传统电商很容易就在平台内部被比价，因为信息太对称了！

传统商家在平台上做生意都逃不出以下三大战役：引流之战、转化之战、复购之战。引流之战是让更多的人来，转化之战是让来的人都买，复购之战是让买了的人再来买，如图 2-9 所示。

图 2-9 传统电商的三大战役

这三大战役哪个更重要呢？

我认为没有转化的流量比没有流量更可怕，而如果没有复购的流量，流量成本将会持续不下，所以转化和复购是流量基础。没有转化和复购，流量来得越多死得越快。流量又是转化和复购的先驱，它们互为表里，缺一不可！

2.3 如何打赢三大战役

2.3.1 如何获取更多的平台曝光机会

不管怎样，流量是第一大战役，没有流量店铺就活不下去。流量就像一个店铺的血液，要不断有新鲜血液加入进来才行。

那么如何获取源源不断的流量呢？这是每个商家梦寐以求的事。

接下来，我们先看一个流量公式，如图 2-10 所示。

流量=曝光量×点击率

图 2-10 流量公式

没有被曝光的机会，你的宝贝就像身在一座孤岛，始终无人问津。想要获得流量必须让平台给你更多的曝光量，而点击是每个终端消费者选择的，所以你应该从以下两个思维角度去考虑如何获取源源不断的流量。

（1）平台思维：如何让平台把最好的资源位给你？

（2）消费者思维：如何让消费者看到你的产品就想点击？

要想获得持续不断的曝光机会，首先要知道平台是怎么样想的。如果你是平台方，你会把最好的资源位优先给什么样的商家呢？

我们不妨换位思考一下，当消费者在平台搜索某一个关键词时，如果你是平台方，你会把什么样的产品推荐给消费者呢？

平台为了给每位消费者提供最好的购物体验，一定会把消费者最喜欢的产品推荐给他。

在大数据时代，天猫、淘宝等交易平台的“千人千面”功能已经可以预判每个消费者的需求，把最适合每位消费者调性、品位、价位段的产品主动推荐给相应的消费者。

比如说，我经常在淘宝搜索一些民族风的衣服，结果我每次在手机上打开淘宝，手机淘宝首页的“有好货”“必买清单”就会给我推荐一些民族风的衣服，而且它也知道是我男性消费者，所以首页显示了“男神范”，里面也是民族风的衣服——反之，如果是一个女性消费者，首页就会显示“女神范”。

如果平台把某一个商家的产品推荐消费者，而消费者每次都不点击、不购买，或者点击购买后都反馈给商家差评甚至退货，试想一下，以后平台还会把这个商家的产品推荐给消费者吗？

肯定不会，因为平台一方面要考虑投入产出比，另一方面要考虑消费者在这个平台的购物体验，如果消费者在这个平台每次购物都是以不愉快结束，他以后肯定不会再来这个平台消费，平台如果失去了消费者，就会失去市场，商家也会离开这个平台，这样的恶性循环会让平台失去生存的空间。

因此，平台一定是把有调性、有品牌、能够给消费者提供更好的购物体验的店铺推荐给消费者！

所以商家一定要想办法提升宝贝的点击率和转化率，同时做好售后服务、产品质量等，以提高客户综合体验度，成为平台的优质、KA 商家，才有可能获得平台源源不断的推荐曝光机会。

2.3.2 如何获取更多的点击

如何才能让消费者一看到你的产品就想点击和购买呢？

只要你能掌握消费者的从众心理和迎合心理，你的点击量和转化率就一定不会差！

怎么理解呢？先从消费者的购买过程说起。

当消费者准备买一件产品，且第一次接触该品类时，如果没有人推荐和介绍，消费者是不太了解这个品类中哪个是品牌，他会先去淘宝平台搜索这个品类大词，比如说“女鞋”，然后看到搜索的结果，如图 2-11 所示。

图 2-11 手机淘宝搜索“女鞋”后的页面

这个时候会有各种风格、品牌的女鞋出现在搜索结果中，甚至可能让消费者感到有些迷惘。不过每位消费者对女鞋的需求是不一样的，有的是为了好看，有的是为了舒服，有的为了便宜，当某一个产品恰好符合消费者的需求时，就会让其眼前一亮，就可能产生点击。

此时在符合消费者需求的这些款式中，曝光次数多、销量好的宝贝被消费者点击的可能性就更大，这是从众心理在引导消费者的行为。

比如在图 2-11 中，一共出现了 4 双“卓诗尼”品牌的女鞋，这时消费者就很可能会认为“卓诗尼”是一个品牌。

那么，如何才能让连着的两屏里出现同一个品牌的多个宝贝呢？

基于搜索打散原则，平台是不可能让一家店铺独大的，所以他不会把多个资源位给到一个店铺。如果想让自己的品牌在平台里获得更多的曝光机会，那就需要商家多开分销店铺，才能抢到更多的搜索资源位！

同时商家还要考虑如何让消费者一眼就能记住你的品牌。我认为至少在每张主图上都要放上你的品牌 LOGO，当然这些主图也应该有统一的风格，否则消费者即使看上 100 次也不记得你的品牌。

只有消费者记住了你的品牌名，才有可能从搜索“品类词”改为搜索“品牌词”，并进入你的店铺。毕竟搜索“品牌词”的转化率通常要高于搜索“品类词”的转化率。

比如，当一个消费者搜索“女凉鞋 卓诗尼 坡跟”时，如图 2-12 所示的各个结果，哪个的点击率会高些呢？

很明显第一排第二个更符合消费者的需求。作为商家一定要关注自己品牌词的搜索指数，这个指数反映出你的品牌热度。

图 2-12 手机淘宝搜索“女凉鞋 卓诗尼 坡跟”的结果

如图 2-13 所示，是零食 / 坚果行业热搜词的排行，可以看出搜索“三只松鼠旗舰店”比搜索“坚果”的搜索指数还大，这说明“三只松鼠旗舰店”已经代替了“坚果”这个品类。

反面的例子是如图 2-12 所示的第一排第一个产品，显然其店铺用直通车抢了“卓诗尼”这个品牌词的位置。该产品的主图上没有 LOGO，说明其没有品牌意识。当一个产品没有品牌背书时，往往就只能靠低价竞争，比如“卓诗尼”产品如果卖 128 元，他就卖 89 元——此时价格竞争可能就是他唯一的差异化，没有最低，只有更低。虽然他的销量不错，但从评价里可以看出，产品质量和客户体验都是很不理想的，如图 2-14 所示。

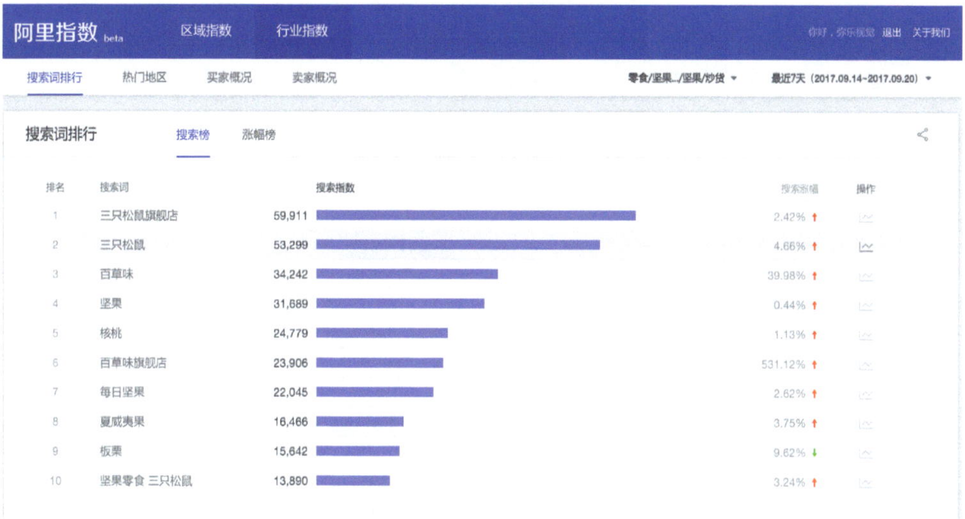

图 2-13　零食 / 坚果行业热搜词排行

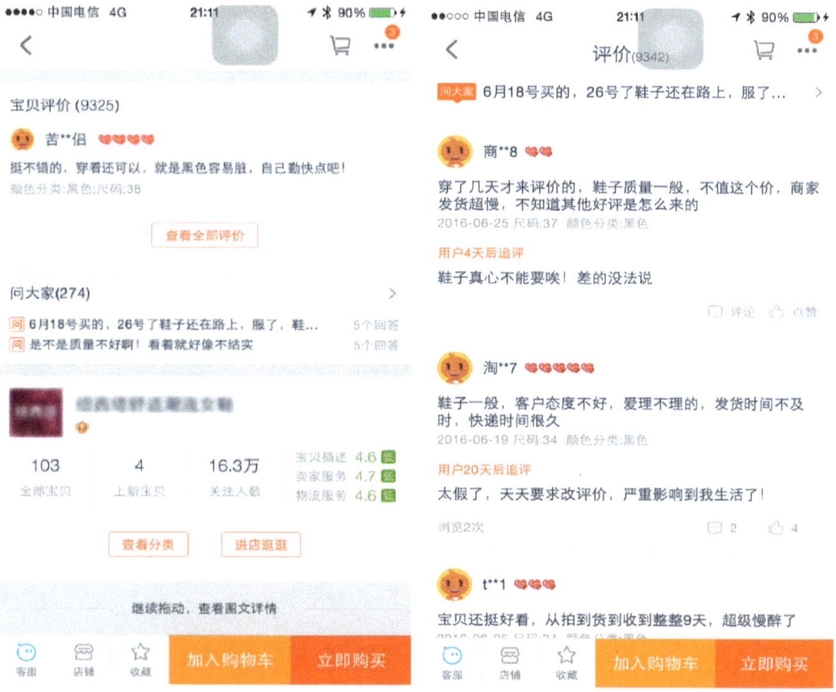

图 2-14　只靠低价竞争的店铺的 DSR 和评价

DSR 的三项动态评分全部飘绿，评价里更是有部分消费者的追评差评。这肯定会影响到后来的消费者，未来的转化率一定会受影响！

这样的商家就是典型的只管卖货，不管后端管理的，基本只做客户一次生意。这样糟糕的客户体验一定会影响到转化率和复购率，平台给这种商家免费曝光的机会自然就会越来越少，如果该店铺的所有流量都是靠付费，那么他的流量成本只会越来越高！

利用从众心理总结如下经验。

（1）为了获得更多的平台曝光机会，要多开分销店铺。

（2）为了让消费者在多次见到你的品牌后能够记住，你必须至少在主图上统一重复你的品牌 LOGO。

2.3.3 高点击、高转化、高复购最本质的秘密

消费者在不断地搜索对比过程中，他其实也在学习这个品类的产品知识，接着就会随着其喜欢的风格，继续缩小搜索范围。

比如说消费者可能搜索“凉鞋 民族风 女”，如图 2-15 所示，会看到很多“吐火罗”品牌的产品。往下多滑几屏，会发现还有更多的吐火罗品牌的民族风女凉鞋。那么消费者点击谁的概率会更高些呢？哪个品牌的女鞋更符合这类消费者心目中的需求呢？

图 2-15 手机淘宝搜索“凉鞋 民族风 女”

答案显而易见。喜欢民族风女鞋的消费者很有可能会认为“吐火罗”民族风的女凉鞋做得更专业，更能符合其心理需求！这时再点击某个宝贝进入店铺，如图 2-16 所示，会看到这个店铺里全是民族风的女凉鞋。消费者会一下子感觉找到了知音，此时购买欲望就会油然而生，如果价格合适，且评价也不错，消费者的转化率一定很不错。

图 2-16 tokharoi 旗舰店的“全部宝贝”首屏

吐火罗就这样锁定了这类小众客户人群，好好挖掘他们的核心需求，从包装、物流、产品质量、服务体系、新品研发，到后台服务等，处处都去迎合目标客户的核心需求，消费者的购物体验自然会很好，复购率自然就不会差。

所以说，**迎合心理才是高点击、高转化、高复购的最本质的秘密**。

总而言之，影响流量的核心是点击率和转化率，而视觉又深刻地影响着点击率和转化率！

第 3 章 视觉对电商的影响有多大

3.1 影响点击率和转化率的核心是视觉

没有一个店铺的产品，可以满足所有消费者的所有需求。也就说，一个店铺不太可能什么风格、什么款式、什么价位的女鞋都卖，即使都卖，也不可能样样都做得很专业。

一个产品也不可能满足所有消费者的所有需求，所以一定要聚焦受众群体的核心需求，这样才会让你的目标客户感觉你更懂他，觉得你在这方面比别人更专业。

所以，你的店铺定位一定要清晰，我的品牌定位理论是“**一米宽，一千米深**”！ 你选择的受众范围越小，你的精准度就越高， 你赢得他的概率就会越高！

当你明确了这个定位思路，接下来就要想办法，在页面中还原消费者现实生活中的场景，围绕消费者的核心需求去讲你的产品和消费者之间的故事，而不要单纯只讲你的产品，否则你讲的可能不是消费者想要的。比如喜欢民族风的女孩子肯定很向往某天能去那些有民族特色的地方旅游，如图 3-1 所示，那么我们的品牌摄影、视觉呈现就一定要想办法把消费者带入她所向往的场景中去。

如图 3-1 所示的场景，如果被吐火罗的准客户看到后可能会幻想：“如果某一天我旅游时，也和画面中的模特一样穿上这双鞋子，优雅地坐在有垂柳的池塘边，双手托着下巴，我也会和模特一样漂亮，这是多么有意境的画面呀，如果我把这张照片秀在我的朋友圈，肯定会引来很多朋友的点赞……想到这样的画面就会觉得很美！”

所以，当她被这个场景所打动时，她就会产生一种强烈的占有欲望，当这种欲望越来越强时，如果不能拥有这双鞋子，她就会一直不舒服，直到某天买下这双鞋子。

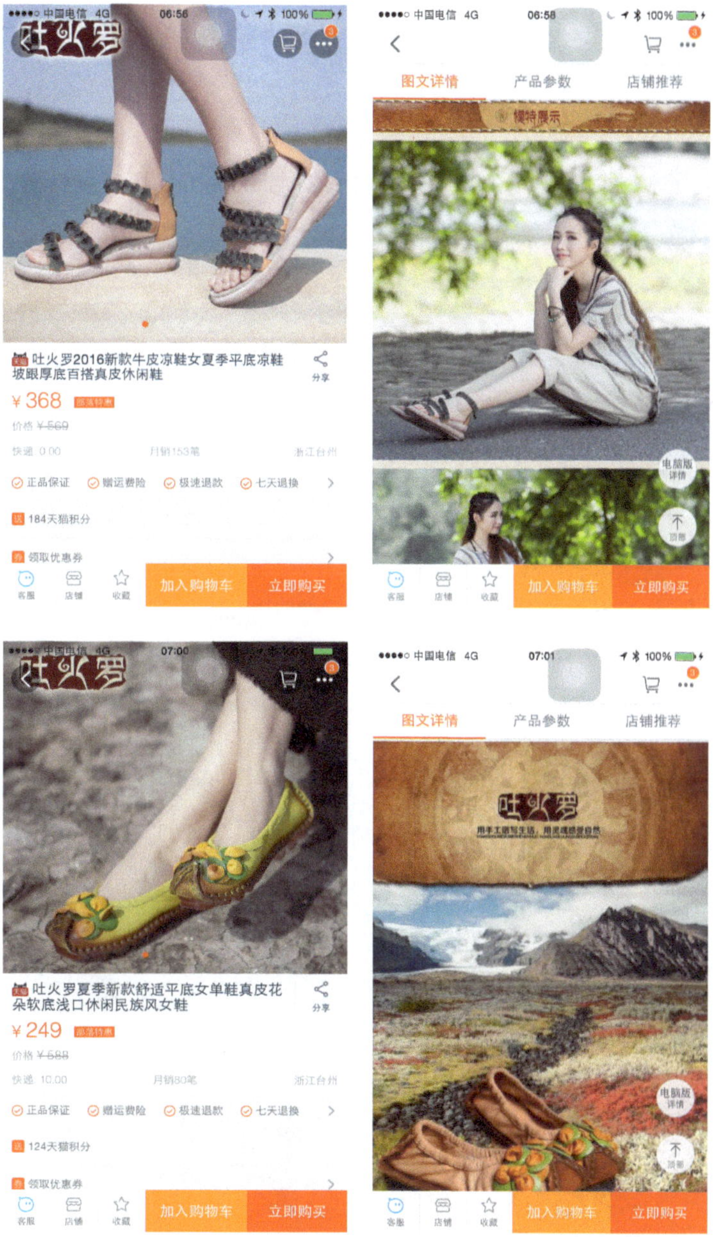

图 3-1　吐火罗的详情页场景展示（两例）

当然也有一种可能，这双鞋子买回来后，这个场景一直没有出现，这双鞋子也就一直没有穿过——很多女孩子都是这样的。

我们普通人也是一样。比如大家想一下自己在旅游景区买回来的纪念品，有几个是一直在用的？你的首饰盒里有多少饰品一年没有带过了？你的衣柜里有多少衣服只穿了一次？你的书柜里有多少书只是买的时候翻了一下？

再想想，你当时为什么要买这些产品？是什么场景触发了你当时要买这个产品？

其实很多人买东西都是非理性的，大部分人买东西都是因为某一个场景激发了自己的消费欲望。

作为营销人，要学会精准地找到准客户的消费场景，然后将这个消费场景还原在消费者面前。

所以我认为，**一流的营销是卖故事，二流的营销是卖场景，三流营销是卖产品！**

作为营销人，要学会讲品牌的故事、产品的故事、客户的故事，把他们带入故事情境中，让他们对“产品能够给他们未来生活带来美好的变化”产生期望，这时他们就会忘记价格的因素。

如果只讲产品的材质、功能，很容易让消费者去比较，他们会想这种材质和工艺的产品还有没有更便宜的呢？这样就会引导客户去比价格。

吐火罗的目标消费者就是一群喜欢民族风且喜欢旅游的女孩子，你看看吐火罗的场景和文案，“寻找同样的你”“远游，懂你的鞋子，带你走遍每个你想去的角落”等，如图 3-2 所示。句句迎合目标客户的消费心理，场景也是民族风的氛围，怎能不打动消费者呢？

图 3-2 吐火罗的场景营销文案

吐火罗这样的场景营销，可以把一双普通的女凉鞋卖到 286 元，甚至更高。不光这一款女凉鞋卖得很不错，店铺中其他产品也都有销量，虽然没有绝对的爆款，但动销率不错，消费者的复购率也很高，这就是一个健康的店铺！

3.2 学会品牌营销，才能摆脱低价竞争

某些商家只知道降价竞争，似乎除了降价就没有其他的方法，然而降价只会让客户的忠诚度越来越低。

作为营销人，一定要学会涨价，涨价也是一门学问。一定要多学些人性心理学，懂得人性才能让营销变得轻松简单。在这里推荐一本书《怪诞行为学》，这本书里讲到免费的代价——为什么赠品反而让我们花费更多？还有价格的魔力，为什么我们喜欢买贵的东西？

任何一个好的品牌都不是通过降低客单价来做大做强的，反而应该维持一个合理的客单价，不断地提升客户体验，让客户自愿传播和复购，从而做大做强。

要知道，每个消费者在购买产品时，都有一个痛点没有被满足，都有一个愿望没有被实现。当你的店铺能够满足他的核心需求时，价格就不会成为他重点考虑的因素。

比如大学生刚毕业应聘时，为了包装自己，不惜几个月省吃俭用去买一套漂亮的衣服。此时提升自身档次，是他的核心需求。在这种心理作用下，便宜的衣服一定不是他的首选——如果他买了便宜货，在面试时肯定会感觉不自信！

所以只要消费者选定了自己所需产品的方向，他就会在这个价格空间里选择产品，而且消费者只会在相对空间里比较价格，便宜的东西不一定就是他的最爱！

基于这点，我们要学会如何赚有钱人的钱，这里有两个经典营销策略：“怕”和“贪”。

（1）对于富人来说：他们怕产品不安全、没档次、没有别人好，怕自己没面子，请抓住这个心理。

（2）对于一般客户来说：他们贪便宜、贪赠品、贪打折、贪比别人划算、贪省钱，请抓住这个心理。

如果要卖出更高客单价的产品，就必须清晰地知道你的消费者现实生活是什么样子？他们的核心需求是什么？

那么，怎样才能知道我们的消费者在现实生活中是什么样子呢？

答案是：学会深度人群画像。这是“产品视觉”方面的知识，学会了这招，不管你是做微商、电商，都将彻底摆脱低价竞争的局面！

有些商家比较急功近利，只要听说平台有某个漏洞就赶紧跑去钻，结果没过多久漏洞就被平台堵住了，店铺还会被平台处罚，这样做是得不偿失的。

这些商家还不如把时间多花在开店前期分析和后期管理上，这就是我经常说的：**“很多老板用战术上的勤奋来掩饰战略上的懒惰”**。比如开店前期的市场分析、品牌定位、人群分析、价格定位、竞争对手分析、商品企划、视觉定位等工作，开店后期的工作流程与标准的建立、提升客户服务体验、产品质量把控、中差评维护等工作，他们做得少之又少。而只有把这些基本功做好了，才能获得精准客户青睐，点击率、转化率、复购率才会越来越好，平台才会给你源源不断的曝光机会。

任何一门生意如果想做得好、做得长久，就必须要有品牌意识，不要幻想一步登天！

所以，只有学会品牌营销，才能让你彻底地摆脱低价竞争！

第 4 章 视觉的终极玩法，在买家心中形成强烈的记忆符号

4.1 淘品牌的视觉怎么玩

在互联网时代，一切信息都必须通过“看到”这个动作，来开启所有营销手段，这时需要在买家心中形成强烈的记忆符号，才能在推广成本不断攀升的时代，让传播成本最大限度缩减。这就是视觉营销所要完成的任务。

一定要在买家心中形成强烈的记忆符号。一定要在买家心中形成强烈的记忆符号。一定要在买家心中形成强烈的记忆符号！重要的事情说三遍。

为什么呢？

现在天猫、淘宝共有 900 多万商家，任何一个赚钱的行业都有很多商家竞争，因此让消费者记住你的店铺就显得尤其重要。

做视觉不是一味追求创意创新，那样做不仅让你的美工工作效率低下，也会让消费者记不住你。相比较而言，作为一个品牌，应该想想你的店铺有哪些视觉元素是永远不变的，只有这样才能让消费者记住你！

很多商家的老板会问我类似如下的问题。

“朱老师，我们的模特要不要换一个？别人都说我们家的模特不好看！”

“我们要不要也像竞争对手一样改为室外拍摄？”

……

我觉得，当他们问出这样的问题的时候，说明他们作为老板，其实在一开始开店的时候，并没有想清楚自己到底想要什么？他们的消费者是谁？消费者喜欢什么样的风格？

于是，他们在进行店铺装修、模特选择上毫无方向，随波逐流，看着别人怎么弄，自己就跟着怎么弄，以至于和竞争对手没有差异化。他们也认识不到问题根源，反而会认为自己家的美工水平不行。

遇到一个有品牌感的店铺，可以从视觉上一眼看出其老板是一个有文化的人。这种店铺的装修，给人的第一感觉不是觉得他们的美工有多厉害，而是接收到这个店铺传达出的一种思想或文化。

所以说，店铺视觉做不好，不是美工的问题，最根本的问题还是出在老板身上！

比如说，花笙记的视觉中有一直不变的一些元素：源于易经阴阳八卦的品牌 LOGO、象征中国传统文化的特别字体、男子汉气概十足的模特、模特身上的文身等元素，如图 4-1 所示。这样的视觉呈现没有让人觉得花笙记的美工有多厉害，而是让人一看就觉得花笙记的老板是一个很懂中国传统文化的人。

图 4-1　花笙记旗舰店的视觉呈现

品牌的终极目标就是要占领消费者的心智。如何才能做到这一点呢？我们需要有一个永远不变的超级符号——超级符号就是超级创意，如图 4-2 所示。

我们需要一把视觉锤——视觉是锤子，文字是钉子。我们要用视觉这把锤子，把文字这个钉子深深地钉在消费者的心智中！

如图 4-2 的左图所示，“螃蟹的秘密”这张创意图片一直都没有变过。将短裤套在头上这样的反常画面，一下子就能吸引住消费者的眼球，让人忍不住想多看几眼；一句“呼吸是我的本能”传达出了其产品的核心卖点是透气。请问谁家卖的短裤不透气呢？可是，当消费者看到这句文案时，内心中就觉得这家店铺的短裤可能比别人家的产品更加透气。因为在所有卖短裤的店铺中，只他们这么大声地把“呼吸是我的本能”喊出来。

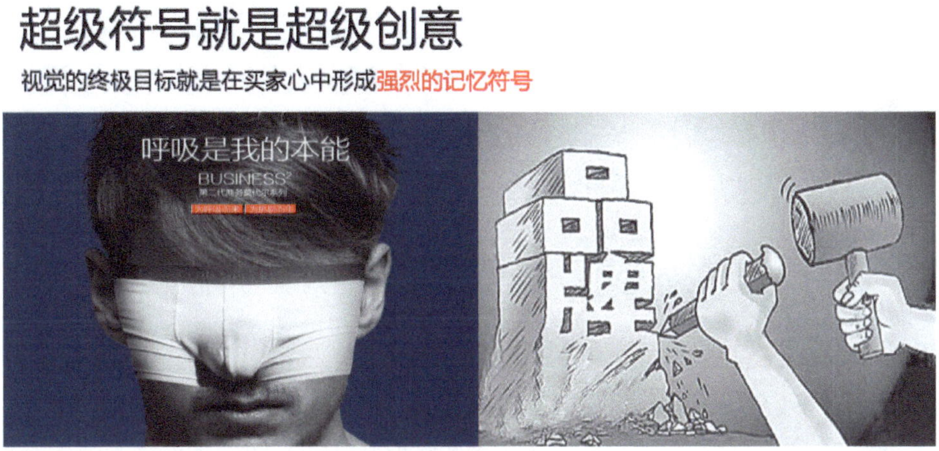

图 4-2　超级符号就是超级创意

所以，任何一个品牌都要用一句话来总结自己产品的核心卖点，这个核心卖点一定是从解决消费者某一个核心痛点出发，或者是从给消费者带来的一个核心益处出发。这句话就是用来占领消费者的心智的，然后还要用一张图片表达出来，这就成了这个品牌的视觉锤。

有了这把视觉锤后，我们还要不断地重复，让这个视觉锤不断地在消费者面前出现，直到占领消费者的心智！重复的力量是无穷的，就像脑白金那对跳舞的老头老太太一样，每年都会出现，然后就会让人想到一句话“今年过节不收礼，收礼只收脑白金”，这辈子想忘掉都很难！（强烈推荐看一下《视觉锤》这本书。）

使用视觉锤的电商品牌还有很多。如图 4-3 所示的阿芙家的小女孩，在这个薰衣草花田里跑了很多年了。实际上这个女孩早已经长大了，但在这个画面里，她一直长不大，永远也长不大。

图 4-3 阿芙的视觉记忆符号

还有，TATA 木门的广告在机场、高铁站、线上等任何地方，都是这样一幅图片，如图 4-4 所示，一句“我的静音生活”让消费者看了就觉得这个品牌木门的最大特点就是隔音效果好。

图 4-4 TATA 木门的视觉记忆符号

有一次我在杭州给家装类目的店铺运营人员讲课，当时下面听众中也有卖门的商家，我就问：“请问各位卖门的商家，你们谁家的门不隔音？”

他们没有一个人回答，都默认自己的门也隔音。

我又问：“那么你们的门，最大的核心卖点是什么？有没有像 TATA 木门一样用一句话总结出来？”

还是没有人回答，说明他们从没有想清楚自己的核心卖点。

也许商家们都认为，门的最基本要求就是隔音、防盗、安全，这也是行业最基本的标准，商家也知道这是消费者最基本、最核心的需求，似乎消费者也应该知道，但有哪个商家会把这些总结成自己的核心卖点呢？其实你只要第一个反复强调这类功能，并形成视觉锤，消费者就会想当然认为，你在这方面比别人做得更优秀，这就可以成为你的核心卖点。

上面我提到的几个例子，他们的视觉都让消费者感受到强烈的品牌感。这是为什么呢？因为他们无处不在传达着：①统一的识别标志；②统一的精神象征；③统一的价值理念。有此三点，就会让店铺充满了品牌感。

实际操作中，让店铺有品牌感很简单，就是统一自己的品牌视觉元素，找到自己的超级记忆符号，然后无限次地重复传播！

4.2 中小卖家的视觉差在哪

对于很多中小卖家来说，视觉究竟差在哪里？让我们来看看几个案例。

如图 4-5 所示的这个店铺，照片拍摄毫无标准，字体乱用，效果乱用，仿佛是怎么花哨怎么来，感觉其美工如果不把 PS 里的所有效果都用一遍，都觉得对不起这个软件。

图 4-5 很多中小卖家的视觉代表

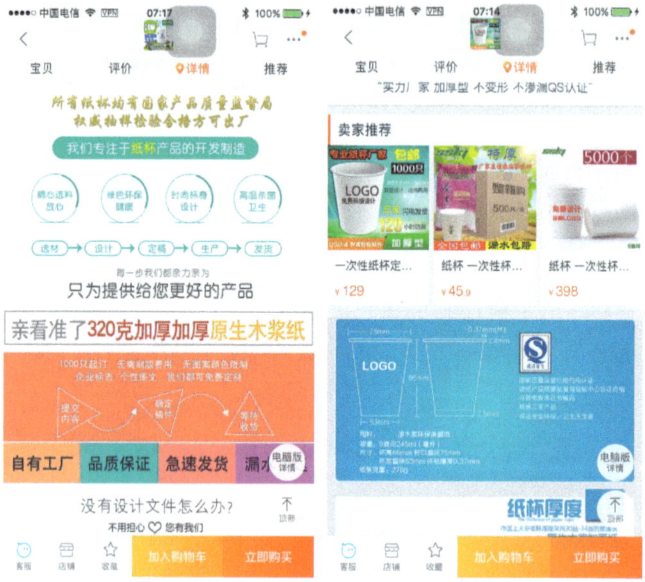

图 4-5 很多中小卖家的视觉代表（续）

还有，如图 4-6 所示的这个店铺，从第一张促销海报可以看出，美工是非常用心地做了文字效果，然而恐怕消费者看了很久也难以搞明白，“盛夏热促”究竟是怎么热促的？促销的利益点是什么？另外模特不统一、场景不统一、字体不统一，详情页里文字小到直接看不到，而且图片加载半天都出不来。在这样的页面设计下，消费者会有好的购物视觉体验吗？

图 4-6 视觉体验较差的店铺

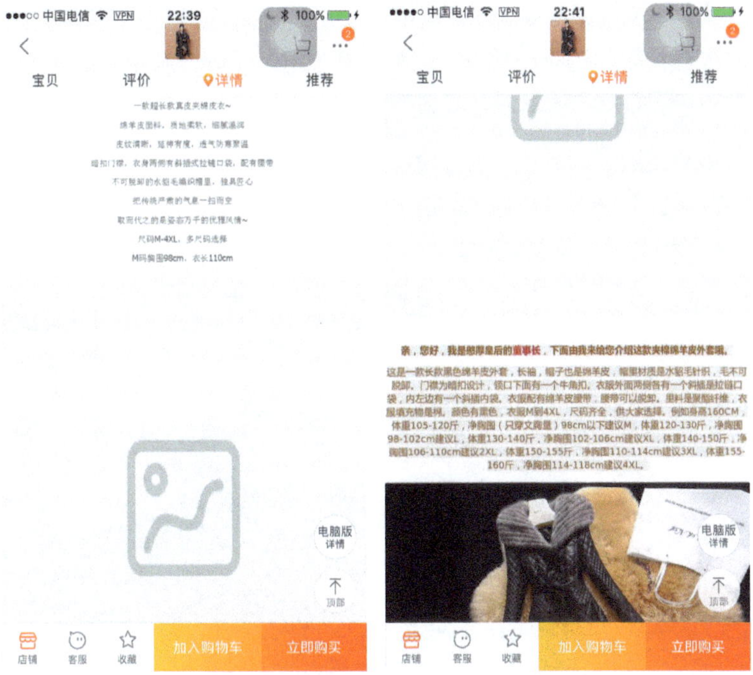

图 4-6　视觉体验较差的店铺（续）

还有，主图上连个LOGO也没有放，消费者即使已经进店，也记不住你的店铺，如何能复购？

这样的视觉没有统一的设计标准，所以没有调性，没有品牌感，没有记忆符号，让消费者看过就忘。

所以大部分中小商家的店铺装修，给人以下感觉。

（1）色彩超级多。

（2）文字超级多。

（3）找不到重点。

（4）找不到想要的。

（5）看过就忘。

（6）以为不是一家店。

等等。

可以说，店铺的美工已经很用功了。美工做那么多的效果，每个字体都要想出不同的创意，这是非常花时间和精力的，然而还是被老板和运营说这个不好，那个不好——做得不好再来一次、二次、三次……无数次——到最后还是觉得第一次的好！

有一张图很能代表美工的处境，如图 4-7 所示。悲催的设计师呀，背后总有一群指点江山的神！

图 4-7　悲催的设计师，背后总有一群指点江山的神

归根结底，为什么你的店铺看起来没有品牌感？原因很简单，就是因为你的美工 1 个人做的作品像是 10 个人做的，而 10 个人做的作品像 100 个人做的。

想想茵曼、裂帛、韩都衣舍这样的店铺，他们的拍摄是否有标准？他们的颜色、字体、字号、文案是否有标准？

答案是肯定的。必须建立统一的视觉标准，否则他们的视觉肯定会乱套的。

比如裂帛的部分拍摄标准如下。

裂帛拍摄要求

1. 模特拍摄

（1）一套样图拍摄数量为 30 ~ 50 张，其中挑图数量为 15 ~ 30 张（以具体拍摄件数为主）。

（2）服装展示到位。一般都以正面为主（特殊款需要加上特点面展示）。

（3）模特的表情与姿势到位，姿势雷同不要超过两张，每款产品图片保证在 8 张图片以上（不含细节图）。

（4）图片展示要求如下。

上衣：正、侧、背、近景特写、细节、半身、全身搭配等。

下半身（如半身裙、裤子等）：正、侧、背、全身、近景、细节等。其中正、侧、背必须要有模特是站立姿势的。

特殊展示：如有开衫及轻薄外套，请在拍摄内搭的时候将其搭在胳膊上进行展示。

（5）领部及背部有细节的样衣，特别容易被头发遮挡，切忌不要有过多遮挡。

（6）开衫及外套需有打开扣子及系上扣子的展示。

（7）长袖 T 恤及长袖毛衣需有撸起袖子的展示。

（8）搭配造型必须严格按照甲方给的搭配图进行拍摄。

（9）样衣如有多重穿法，需多种展示进行拍摄。

2. 静物图拍摄

（1）普通拍摄。正背面 2 张，细节展示 4 ~ 6 张。

（2）场景静物图拍摄。布置好的场景内各个角度展示 2 ~ 8 张。

（3）配色静物图拍摄。布置好的场景内拍摄 2 ~ 8 张。

裂帛的每次首页、二级页面改版都有严格的页面布局规划、字体、字号要求，如图 4-8 所示，然后严格按照要求做页面设计。

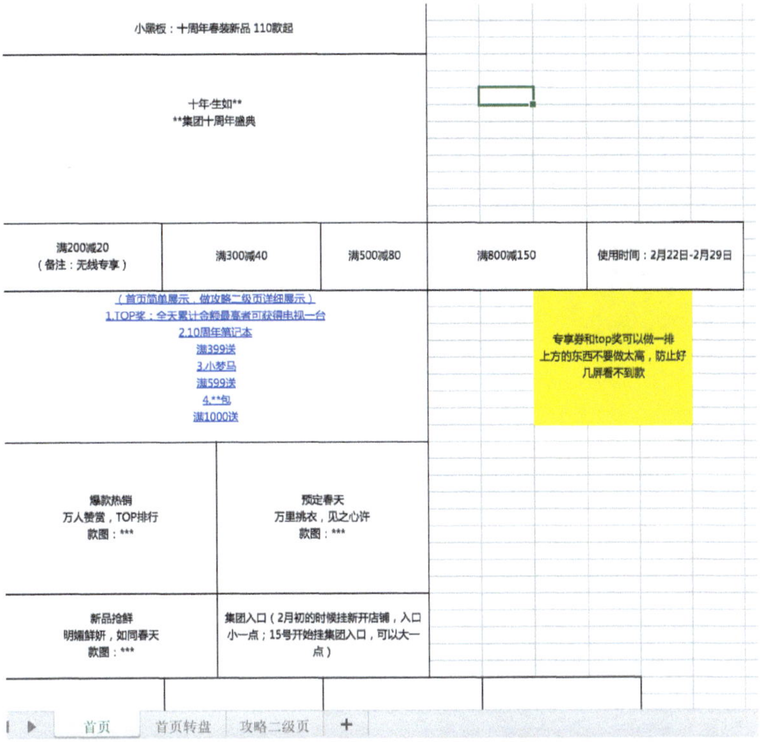

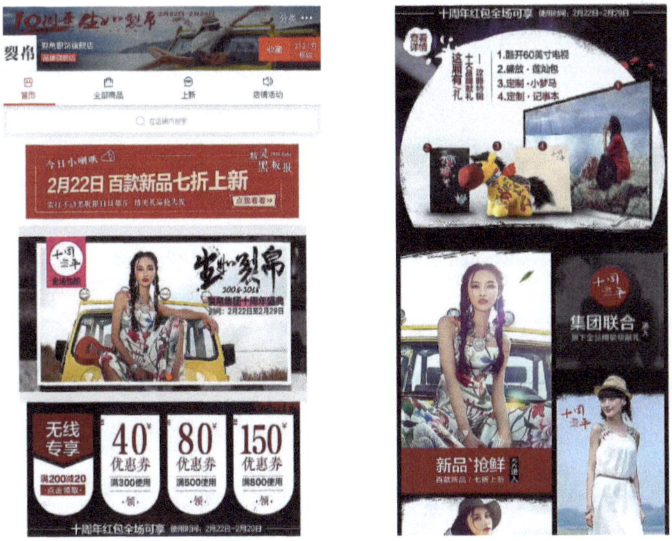

图 4-8　裂帛的部分视觉标准

图 4-8　裂帛的部分视觉标准（续）

如果各项工作都有统一的标准，美工在工作中就可以做填空题，这时候，10 个美工做的作品就会整齐划一，如同 1 个美工做的一样，这个时候你的店铺看起来就会有品牌感了！

为了全面系统地分享视觉标准，我创建了一个全新的微信公众号“朱华杰微课堂”。我将免费分享我的原创文章以及学员案例，甚至还有我的两天价值 6800 元课程录像视频。如果你也渴望在第一时间获得这些不为人知的秘诀，请立即扫码关注，如图 4-9 所示。

图 4-9 “朱华杰微课堂”微信公众号二维码

获取裂帛视觉标准方法如下。

（1）扫码关注“朱华杰微课堂”。

（2）回复：裂帛视觉标准，可以免费下载上文裂帛的视觉标准。

（3）认真学习微课堂中的《品牌视觉》，在视频中我会告诉你更多下载品牌视觉标准参考的方法。

4.3 如何解决美工、运营、老板的痛

如何解决老板、运营、美工的痛苦呢？唯一办法就是建立视觉标准。

我通过十多年的潜心研究和总结，把视觉分为三个大块：品牌视觉、产品视觉、营销视觉，如图 4-10 所示。

图 4-10 视觉分类及标准

品牌视觉的唯一考核指标是复购率。其终极目标就是在消费者心中形成强烈的记忆符号，也就是整个视觉中不变的元素。

产品视觉的唯一考核指标是转化率。提高转化率的视觉因素除了要做好详情页外，购物路径的规划也是非常重要的，这方面内容的学习需要运营和美工配合完成的，而且要使用数据指导。

营销视觉的唯一考核指标是点击率。凡是可以点击的图片都属于营销视觉范畴；直通车、钻展图片都属于营销视觉范畴；还有主图、店铺促销海报也都属于营销视觉范畴。主图是第一营销视觉，因为店铺大部分流量，是通过搜索后点击主图进入店铺的，有时一个产品主图展示角度有所不同，点击率就会有很大的差异，所以很多电商老板在选择主图时都非常谨慎，通常是用直通车测试后再定主图。

我已经用这套视觉标准，通过企业咨询或内训的方式帮助很多 TOP 级的卖家，如良品铺子旗舰店、劲牌官方舰旗店、红桃 K 旗舰店、奥派阿西旗舰店、卡贝官方旗舰店、德力西爱阁专卖店、老板电器旗舰店、美的官方舰旗店、沁园旗舰店、卓诗尼旗舰店、酒仙网等，建立了自己的品牌视觉、产品视觉、营销视觉标准体系，从而实现全店美工工作效率至少 50% 的提升，转化率相比以前也翻了一倍以上。

还有很多商家听过我的课程，也从中受益，这里就不再列举了。

4.4 三大视觉标准可以解决什么问题

只要把品牌视觉、产品视觉、营销视觉这三大体系建立完善了，就可以解决店铺里所有的视觉问题——不管是 PC 端还是无线端，全部搞定！

为什么这么说呢？让我们先来看一下销售额的公式，如图 4-11 所示。

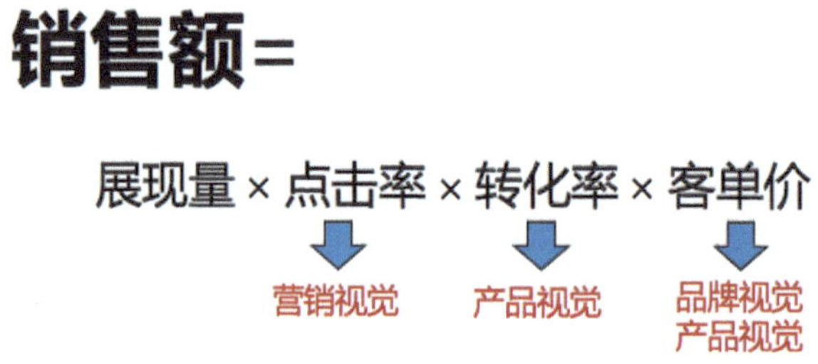

图 4-11 销售额的公式

展现量是平台给的，我们无法控制；光有展现没有点击，是无法将目标客户引入你的店铺，所以点击率是由营销视觉影响的；点击进来后能不能转化是由产品视觉影响的；能不能卖出更高的客单价是由品牌视觉和产品视觉共同影响的。

为什么成本相差无几的 T 恤在花笙记可以卖到 198 元，而在某些商家那里就只能 9.9 元还包邮，销量还没有花笙记 198 元卖得好？因为品牌赋予了产品很多无形价值，同时也是因为产品视觉把产品的使用价值和非使用价值都展现出来了！

品牌视觉、产品视觉、营销视觉也是店铺的基本功，如果基本功没有打好，就盲目地引流量，引得多死得快！我经常说：**“没有转化的流量比没有流量更可怕！”**

那么，这三大视觉都有标准吗？

答案是肯定的。凡是好的设计都有严格的标准！有了这些标准，你的美工就可以做填空题。

在 2014 年时，我写了一本书，名为《电商视觉营销》，曾在北京黄河京都会议中心发布和签售。后来还有一些高校把这本书作为电子商务美术专业的必修教材，至今还在使用；还有一些电商老板把这本书买回去作为入职美工必修科目。

《电商视觉营销》这本书主要讲的是 PC 端的视觉标准，而本书中，我会重点讲无线端的视觉标准，所有的案例也都是取材于无线端。

第 5 章 电商的出路在哪里

5.1 品牌是唯一一条能够让你站着把钱赚了的路

品牌是唯一一条能够让你站着把钱赚了的路！

为什么这么说呢？

站在平台的角度上说，其更愿意给有品牌的店铺更多的曝光机会；作为消费者来说，也是更愿意信任有品牌的店铺。

品牌可以给消费者建立起第一层信任关系。如果没有品牌，商家的竞争手段，只能是最简单粗暴的方法——价格竞争！然而任何一个有品牌的企业都不是通过牺牲客单价把企业做大做强的，只有维持高的客单价才能给客户提供更好的产品质量和购物体验，一个企业不可能永远靠低客单价给客户更好的产品质量和服务品质。

价格低的产品并不是所有消费者的最爱，作为商家一定要从消费者的核心需求出发找卖点，否则可能只会卖低价产品。比如下面这两个商家，如图 5-1 所示。

同样卖奶瓶，品牌产品售价 69.9 ～ 84.9 元，月销售达到 15090 笔，而另外一个商家的奶瓶即使售价低至 9.2 元，月销售也只有 24 笔。谁更赚钱一目了然。

很显然，有品牌的高客单价、高销量的商家赚钱更轻松。

第二个商家可能认为价格是消费者的首要考虑因素，然而实际上，消费者购买奶瓶，很可能会把安全、健康作为首要考虑因素，而有品牌感的产品会让他们更加放心。

在《影响力》一书里曾讲到，消费者会用一套标准原则（也称“范式”）来指导自己买东西：一分钱一分货，价格贵就等于东西好。许多研究表明，要是人们对商品的质量拿不准，经常会使用这一原则。后面他们又把这条原则提炼成了“价格贵 = 东西好”。

图 5-1 有品牌与无品牌的奶瓶销量、价格对比

对于第一次为人父母的年轻人来说，奶瓶这个商品他们并不懂，所以他们自然就会用“价格贵 = 东西好”这条原则来指导自己购物，所以有品牌感且高价格的产品正好迎合了他们这群人的心理。

再来看看这两家店铺的 DSR 动态评分，如图 5-2 所示。

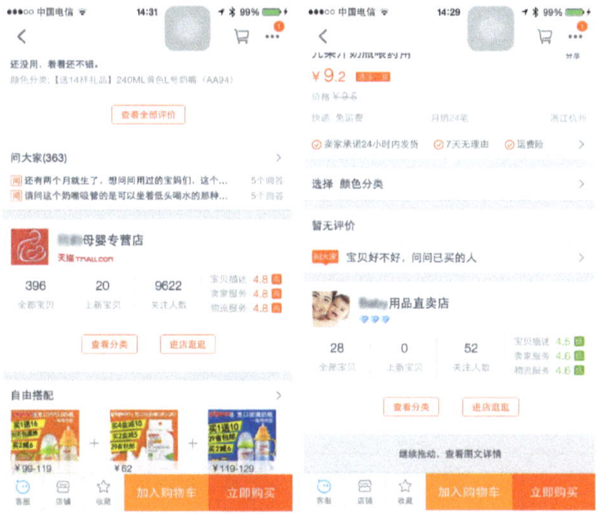

图 5-2 有品牌与无品牌奶瓶店铺 DSR 动态评分对比

第一家品牌店铺的 DSR 动态评分全部都在 4.8 分以上，说明消费者对这个商家的产品还是非常满意的。

第二家店铺虽然宝贝价格低，DSR 动态评分却全部飘绿了，说明商家给消费者便宜占的时候，消费者其实并不记得商家的好，反而倾向于说这个商家的坏处。另外也可能是因为低价产品的质量确实做得不好，结果吸引了一批低客单价的劣质消费者，一旦有一点不满意就会给差评。

作为商家一定要知道：消费者在购物时并不关心自己付出了多少，而更关心自己获得了多少——哪怕他只付出了一点点成本，也希望自己获得更多，甚至自己完全没有付出（比如你给他提供了一次免费的产品），一旦产品质量出了问题，他仍会认为你是一个黑心商家。

当然，也可能大家会认为我例子中的那家店铺销量不好，不是因为价格的原因，那我们再来搜索一下“奶瓶”这个关键词在淘宝的情况，分别看看按“价格由低到高”排序和“综合排序”，如图 5-3 所示。

图 5-3 搜索“奶瓶”分别按“价格由低到高”和“综合排序”对比

价格最低的 9.2 元的奶瓶销量，最好的一款也只有 584 人付款，而“综合排序”里产品价格在 69.9~82.9 元之间的奶瓶，销量最好的却有 1.4 万人付款，这说明了以下两个问题。

（1）有品牌的高价位产品更受消费者信赖。

（2）淘宝平台更愿意将有品牌、有调性的高价位产品推荐给消费者，因为平台知道，某个品类的产品一旦低于某个价位，是不可能做出好的产品质量和客户体验的。

这两点充分说明，对于这个品类，平台和消费者都更喜欢有品牌的产品。

而且，如果商家的品牌能够进入淘宝或天猫平台的品牌库里，如图 5-4 所示，消费者可以在搜索时通过筛选直接找自己喜欢的品牌，这样信任感就会更强。

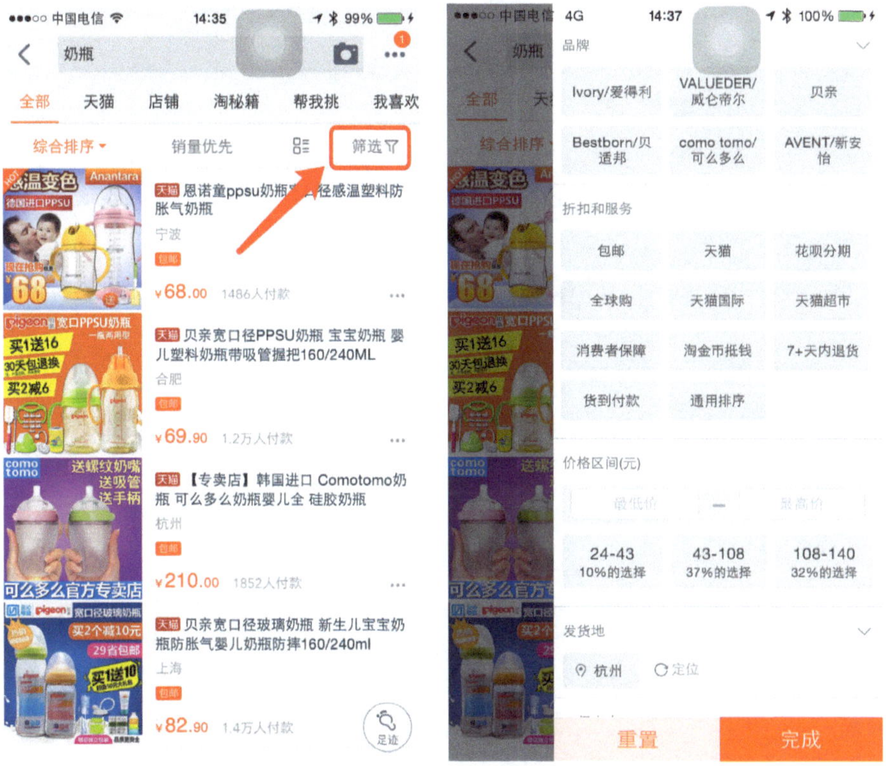

图 5-4 奶瓶在天猫和淘宝的品牌库

所以，品牌是你唯一能够站着把钱赚了的道路，没有品牌，平台不喜欢你，消费者不信任你。

在淘宝上，我们常看到一些商家在一直靠低价引流，他们的销量也许有一段时间会很不错，但我没有看到其中有哪家能做得长久的。他们中的大部分最后都是被一些更低价的竞争对手给弄死了。也许他们能够赚到一点钱——那也是点辛苦钱！

这类现象在女鞋类目中比较突出。你可以试试在手机淘宝上搜索“女鞋”，按“销量优先”排序，如图 5-5 所示。

图 5-5 在手机淘宝上搜索“女鞋”，按“销量优先”排序

排在前面的商品，大部分销量还不错，说明这个品类的这部分商家就是以价格为主要竞争手段，但是当你以低价姿态进行竞争时，就必然会有更低价的竞品。这种卖货思维就是没有最低，只有更低，一个比一个低。他们的理念就是销量做起来，把搜索排名抢到前面再说。他们通过自己的供应链、资金优势，想先把一批同样做低价的对手熬死，结果发现这批低价竞争对手永远也熬不完，因为熬死一批又会来一批。

而且这样的商家虽然销量暂时做起来了，但他们的工作就变成天天忙于打包发货，产品质量、售后服务全部跟不上，结果这些商家的 DSR 动态评分基本上全都是绿色的，再看看客户给他们的评价，可以看出客户体验到底有多差，如图 5-6 所示。

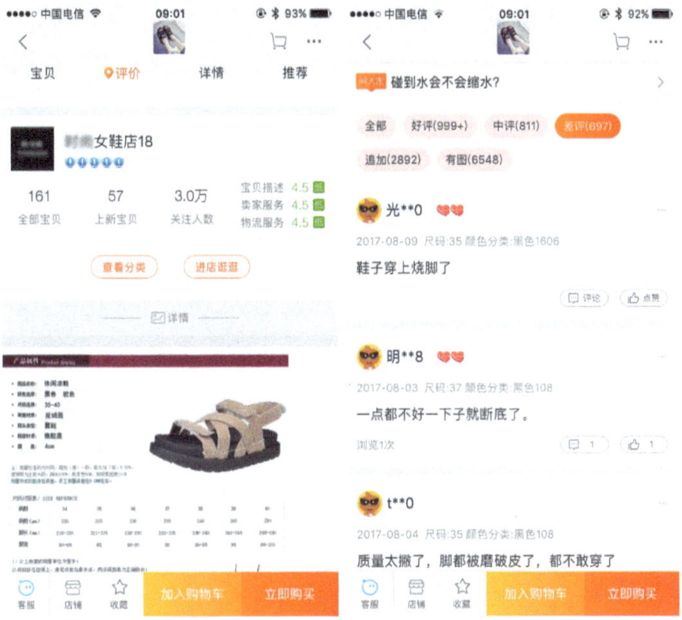

图 5-6 低价女鞋店铺的 DSR 和评价

对于图 5-6 所示的这家店铺来说，如果 DSR 动态评分再降下去，就会被淘宝平台关店。这样赚钱真的不容易，还是早点想想如何定位品牌之路吧。

在竞争中，不能总想着如何把对手干掉，也要学会通过竞争，不断磨炼自己的团队，让自己的各方面能力越来越强大！

5.2 中小卖家如何做品牌

不管你现在的规模如何，品牌意识都非常关键。

什么是品牌意识？是不是把店铺装修做得“高大上”了就是品牌意识呢？显然不是！

有的商家可能会说：我是想做品牌，可是当我的视觉看起来终于有品牌感了，店铺反而不卖货了，这可怎么办？

注意，做品牌并不是一定要把视觉做得“高大上”。品牌视觉的呈现一定要适合你的目标人群定位需求。营销是视觉的一个重要目的，视觉好看但毫无营销价值，那是没有用的。

比如店铺销售原生态的农副产品，其视觉就要做得接地气，要有原生态的感觉，让消费者一看就感觉这就是原生态、无污染的。然后你只要在视觉上统一品牌元素，比如你的品牌名字、LOGO、SLOGAN、字体、颜色、拍摄风格等，不断地重复它，在卖货的同时让消费者能够记住你。这就是品牌意识！

有一个淘宝C店，我现在还记得他的店铺名字，叫“王小帮农家店”，如图5-7所示。他的店铺装修看起来土得掉渣儿，但这种视觉很管用，因为他的消费者要的就是这种感觉。

这家店铺在2008年时就已经开店了，是进入淘宝很早的一个农民淘宝店铺典型代表，现在已经是一个金冠店铺，积累了12.3万粉丝，而且DSR动态评分还保持在4.8~4.9分，算是非常优秀了！

这家店铺的视觉并没有高大上，但他的品牌意识很强，一直保持着一种纯朴的亲民风格，还在店铺视觉里不断地重复自己的店铺名字、LOGO、SLOGAN、字体、颜色、拍摄风格等。

这么多年过去了，店主的个人风格也一直没有变，虽然受过马云多次接见，而且还参加了阿里巴巴在纽交所上市的敲钟仪式，应该算一个风云人物了，但他在店铺里还是一个地道的农民形象，让消费者看着很亲切。这就是品牌意识。

图5-7 王小帮农家店的整体风格

图 5-7　王小帮农家店的整体风格（续）

所有的品牌都是建立在卖货的基础上的，如果一个品牌不卖货，还算什么品牌？如果你没有品牌意识，在卖货的路上即使偶尔卖得好，如果没统一使用自己的品牌元素，客户就永远记不住你，那你的复购率就一定做不好——如果没有口碑相传，你永远不是品牌，就只是一个卖货的。

当你准备做品牌时，要先学会定位，打造一个单品爆款，然后是爆款群。在这个过程中，你要一直给消费者传达你的品牌理念、价值观、标识符号，总有一天你会成为一个新品牌。

打造品牌的过程一般是，先有单品品牌，再到店铺品牌。比如说劲酒、加多宝、阿芙、小狗等都是这样产生的。

当你有了自己的品牌时，再做品类扩充就会比较容易，因为消费者已经对你的品牌建立了信任。

5.3 专营店、专卖店如何做品牌

如果你是一个专营店或专卖店，没有自己的产品，怎么做自己的品牌呢？

此时店铺就是你的品牌！

比如苏宁易购官方旗舰店，在其店铺里销售的所有品牌的电器，都要统一拍摄形式，主图上首先必须有苏宁易购的LOGO，其次才是其所代理的品牌LOGO，这就是专营店或专卖店的品牌意识，如图5-8所示。

图5-8 苏宁易购官方旗舰店的主图标准

图 5-8 苏宁易购官方旗舰店的主图标准（续）

假设你是德力西的某一个专卖店，事实上淘宝、天猫上有很多德力西的分销商，当某一消费者第一次进入你的店铺时，可能是通过搜索“德力西开关插座”进入你的店铺，你能保证他下次搜索这个关键词时，还能直接进入你的店铺吗？

很显然，这样的机会很少，所以当他第一次进入你的店铺时，你就应该不断地给他重复强调你的店铺名。

比如“德力西爱阁专卖店”。其实它是我在 2017 年指导的一个德力西品牌专卖店，我让这个店铺所有对外引流的促销图上都放“DELIXI 德力西”官方的 LOGO——因为对外要靠品牌引流，而店内的 LOGO 都是“德力西爱阁专卖店”，这是为了不断地强调自己的店铺品牌，此时让消费者记住“德力西爱阁专卖店”才是关键，这就是品牌意识，如图 5-9 所示。

德力西爱阁专卖店品牌视觉标准

1、品牌LOGO

云电宫平台运营之德力西品牌LOGO在各种环境下的展现形式

标准色值：

标准色值： #d60c24

RGB色值： R:214 G:12 B:36

基本表现形式：

形式1：店外LOGO　DELIXI 德力西

形式2：店内LOGO　德力西 爱阁专卖店

图 5-9 德力西爱阁专卖店的 LOGO 标准（文档截图）

不只是这样，我们还在德力西爱阁专卖店的视觉里设计了一个Q版的齐天大圣的卡通形象，作为品牌活体，如图5-10所示。

2）品牌活体

例：德力西爱阁卖店的品牌活体是Q版齐天大圣，标志性装饰是头上的紧箍咒。

1）概念	Q版孙悟空，整体造型活泼萌动，突出头上金箍
2）设定信息	姓名：猴小萌
	性别：男
	种族：猴
	籍贯：东胜神洲-傲来国-花果山-水帘洞
	职业：弼马温，齐天大圣，斗战胜佛（可化身为电工师傅）
	法宝：金箍圈，如意金箍棒，凤翅紫金冠、锁子黄金甲、藕丝步云履，救命毫毛
	技能：大品天仙决、地煞七十二变，筋斗云、金刚不坏之躯，火眼金睛，
	兴趣爱好：蟠桃，美酒，母猴
	性格：活泼聪明，能撒娇会卖萌
	口头禅：吃俺老孙一棒~

（标准形式）

图5-10 德力西爱阁专卖店的品牌活体的设计（文档截图）

在店内、店外所有推广图上都放这个卡通，让它获得无数次曝光，如图5-11所示，目的就是让消费者记住，这个卡通形象是这个品牌的特有标志，让所有的消费者形成一个感知，只有带这个Q版的齐天大圣的德力西，才是真正的德力西开关插座，而这个Q版的齐天大圣只有“德力西爱阁专卖店”才有，德力西官方旗舰店都不能用。

2）品牌活体

2.1）店外主图（含：活动主图、直通车、钻展）应使用品牌活体的标准形式。

（参考案例）

图5-11 德力西爱阁专卖店的品牌活体使用标准（文档截图）

图 5-11 德力西爱阁专卖店的品牌活体使用标准（文档截图）（续）

当我们这样做了一段时间后，发现以下两个惊人现象。

（1）主图的点击率提高了 2 倍多。而且这不是阶段性的提高，而是持续性的提高，如图 5-12 所示。

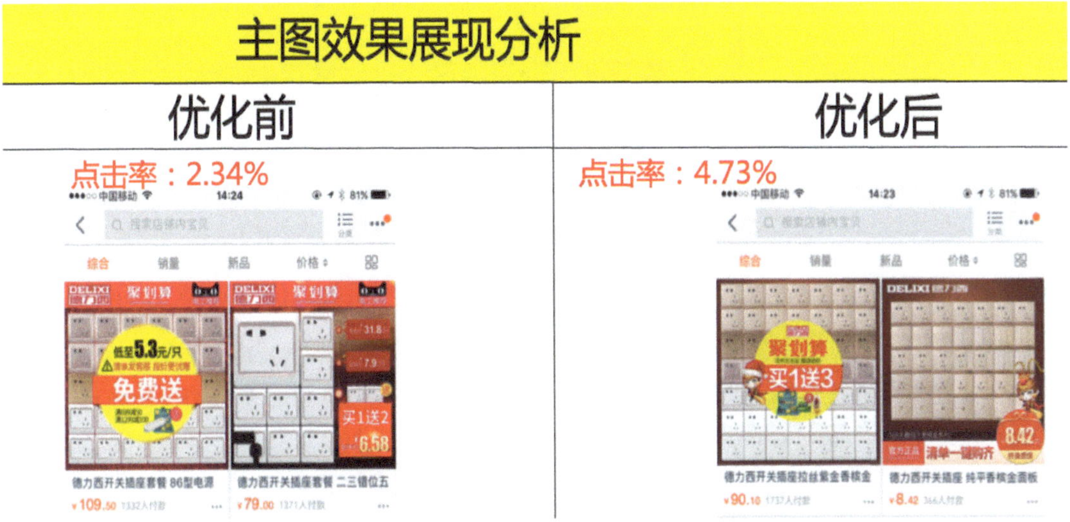

图 5-12 德力西爱阁专卖店使用品牌活体前后的主图点击率变化

图 5-12 所示的左边主图（优化前）的标签，在刚开始时点击率还是很不错的，但随着竞争对手的模仿，点击率就一直下滑，当我们在主图上加入 Q 版齐天大圣后，竞争对手就无法模仿了，因为我们申请了这个 Q 版齐天大圣的版权。此时的点击率从原来的 2.34% 提高到 4.73%，已经非常棒了。

（2）更惊人的是，在手机淘宝上搜索“德力西”时，淘宝官方首推的产品不再是德力西官方旗舰店的产品，而是主图上带有 Q 版齐天大圣的产品，如图 5-13 所示。

图 5-13　手机淘宝上搜索“德力西”后的显示结果

搜索结果中除了左侧第一个是直通车图，其他的优质位置包括第一排右侧位置，以及第二排两个位置都是带有 Q 版齐天大圣标志的产品。接下来的每一屏里也都会不断出现同样带有 Q 版齐天大圣的产品。这说明淘宝官方也更倾向于把好的资源位给到有品牌、有调性的店铺产品。

除了品牌 LOGO 和品牌活体之外，我们还制定了更详细的三大视觉标准——品牌视觉、产品视觉、营销视觉的视觉标准，让整个店铺看起来更有品牌感，如图 5-14 所示。

图 5-14　有了视觉标准后的德力西爱阁专卖店

店铺使用这些视觉标准之后，不只提升了自己店铺的形象，也引领了整个开关插座行业，很多店铺都过来模仿德力西爱阁专卖店的页面布局、拍摄风格等。

现在的德力西爱阁专卖店看起来比德力西官方旗舰店还像官方。曾几何时，德力西官方舰旗店的店铺装修如图 5-15 所示。

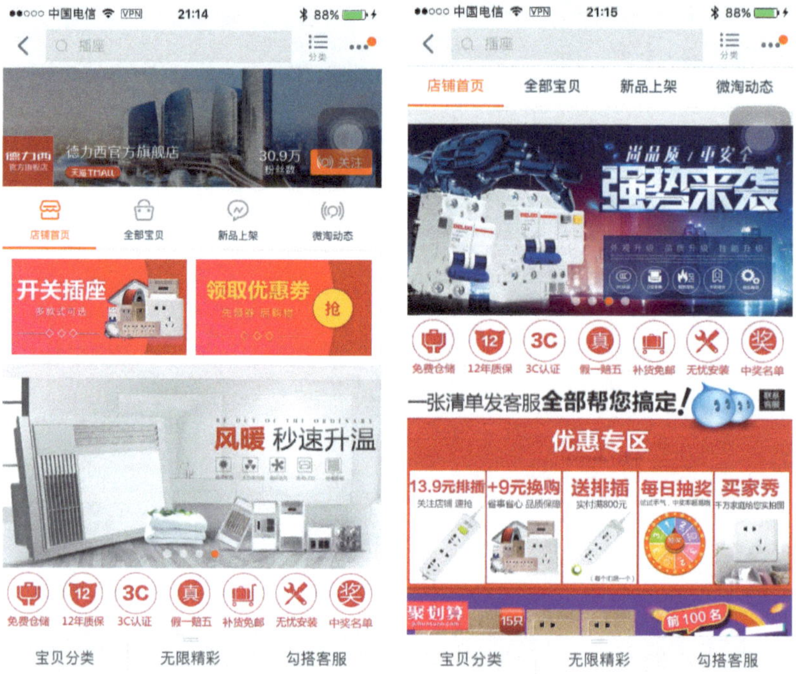

图 5-15　德力西官方旗舰店旧版视觉

左图是德力西官方旗舰店首页的第一屏。对于第一张促销海报，能 1 秒之内知道它是要卖什么的吗？估计大家要看很久才能猜出来它是在促销浴霸，这说明店铺美工在选择产品促销图片时，对角度、大小是没有标准的，这导致消费者很难一眼秒懂。

右侧第一张海报文字用了很多的效果和设计元素，这些效果和元素都不是统一的标准，每个美工设计起来可能都会不一样，这样的设计就是典型的形式大于内容。作为消费者第一眼只看到“强势来袭”，具体的利益点却没有在第一时间传达出来，说明店铺美工在品牌元素和促销文案上是没有标准的。

当然，现在的德力西官方旗舰店已经优化得很棒了，只是还缺少品牌活体，如图 5-16 所示。

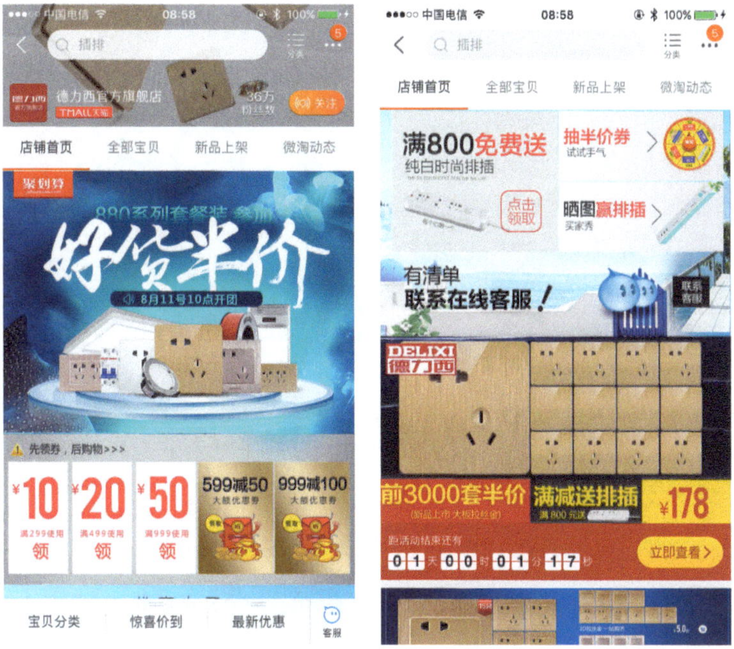

图 5-16　优化后的德力西官方旗舰店

改版后的德力西官方旗舰店的店铺装修，从页面布局到产品的选择都有标准，统一了字体、字号、颜色、标签、产品布局等元素，其品牌感和促销氛围看起来都比较浓厚了。

5.4　品牌的两个核心关键词：差异化和统一

品牌的两个核心关键词就是差异化和统一。这两个词看起来好像是矛盾的，而实际上并不矛盾，也就是说：**对外要有差异化，对内要统一！**如图 5-17 所示。

图 5-17　品牌的两个核心关键词

当你在做任何一门生意的时候，你都要想到你和竞争对手有什么不一样。如果这个差异化找不出来，你就会进入同质化竞争——同质化竞争的结果就是价格战！

这个道理无论在线上还是线下都是一样的。比如说线下有一个餐饮店叫海底捞，他们的服务做得特别好，消费者经常需要排队才能吃上海底捞的火锅，排队的时候海底捞的服务员就开始给消费者做服务，比如给女士免费修指甲，跟孩子玩游戏，提供小吃等。因为海底捞的服务特别好，所以就有很多消费者的口碑相传，生意自然就好起来了，而且回头客也很多。

也有一些消费者特意去体验一下海底捞的服务，有时还故意刁难一下服务员，看他们怎么处理。

海底捞的经营理念就是老板服务好员工，员工服务好客户，客户反过来就会回馈老板了。服务好就是海底捞最大的差异化，也是本质差异化。其实未来商业竞争到最后，就是拼服务了。很多企业老板都在模仿海底捞。

品牌的差异化表现在两个方面：①视觉差异化；②本质差异化。

如何理解呢？比如说两个快速公司：顺丰和EMS。顺丰的车都是黑色的，EMS的车都是绿色的，这就是视觉差异化。顺丰的速度快，EMS覆盖全国无盲点，这就是他们的本质差异化。

这两点都很重要！

先说一下视觉差异化对消费者的影响力。

当一个消费者进入一个未知的品类去消费时，第一感觉很重要。一个让人一看就赏心悦目的店铺装修，更能让消费者产生信任——这也是《影响力》这本书里讲到的“喜好”对人的行为的影响。

研究表明，我们会自动给长得好看的人添加一些正面特点，比如有才华、善良、诚实和聪明等。而且我们在作出这些判断的时候，并没有意识到外表魅力在其中发挥了作用。

“好看就等于好”这种意识在平时生活中屡见不鲜，比如说你交朋友、找对象、招聘等都是这样的潜意识在指导着你的判断，长得好看的人更容易被人认可。据研究表明，一个人的成功度与颜值是成正比的。

再想想你平时购物是不是也是先通过产品外观来判断这个产品的优劣？比如，你去买一部手机时，是不是第一眼先看它的外观是否令你满意，然后再考虑性能？

为什么装修别致的店铺更能招来顾客？为什么珠宝柜台暗格要装上射灯？为什么明星参加宴会都要花重金打扮自己？这些背后的原因都是想追求表现形式的差异化。你也需要想清楚你的店铺装修风格、形象跟别人有什么不一样！

再来说一下本质差异化对消费者的影响力。

当消费者最后决定购买时，他其实在对比——这家店铺的产品到底和别人有什么不一样，这个不一样能否满足他的核心需求——这时就是本质差异化在起作用。

本质的差异化最好能够用一句话概括出来，让消费者瞬间就能感觉到你和别人确实不一样。比如前面我们看到的那个把短裤套在头上的图片，用一句话“呼吸是我的本能”，让消费者瞬间觉得他们的短裤很透气，可能比别人家的短裤更透气。

线上消费都是这个道理，当一个消费者搜索“连衣裙 民族风”，然后进入某一个店铺后，如果看到这个店铺里全是她喜欢的民族风格连衣裙，而且是她喜欢的面料，还是原创设计师风格，她一定会认为这是一家专业卖民族风格服装的店铺，一下子就有一种找到知音的感觉。这就是本质的差异化！

比如茵曼就一直坚持做棉麻民族风，他的老客户复购率就很高！

找到自己特有的视觉和本质差异化后，接下来就是要做到“统一”。一个店铺如果风格不统一、款式不统一，像民族风、韩版、欧美风、小清新等随便什么风格都卖的话，店铺的客户人群定位就会不清晰，这样就会流失很多新老客户。

如果一个店铺定位视觉和本质差异化都很突出的话，这个店铺就一定会让准客户眼前一亮，新客户过目不忘，老客户复购率增加。如果你有源源不断的新老客户，你还担心生意做不好，做不成一个品牌吗？

5.5 品牌定位应该做到一米宽一千米深

线上定位应尽量做到小而美。很多线下传统企业转型做电商总认为在自己的店里，一定要满足消费者的一站式购物，什么都要有。这样做很难把某一个品类做到极致。

线下可以做大而全，是因为线下的信息不对称，消费者不在这家买，再去其他地方就会很麻烦，而线上就不一样了，信息非常对称，消费者在淘宝一搜索什么都能找到，而且货比三家也非常方便，产品好不好一看便知，所以店铺在初创期要集中优势资源先把某一款产品做到极致，然后在这个细分类目里有针对性、目的性地进行产品开发，然后再慢慢地增加产品数量，等有了品牌认识度后再做品类扩张。

把一个细分品类做到极致，就像阿芙、小狗电器那样。一提到精油，消费者就会想到阿芙；

一提到小狗电器，消费者就会想到吸尘器。当一个品牌能够代表一个品类时，那就是绝对的品牌。

在一个品类里定位理念是不做第一，就做唯一！所以我的定位理论是：一米宽，一千米深！

做人也是应该做到“一米宽，一千米深”。

人的生命是有限的，而知识是无限的，我们不可能把有限的生命，投入到无限的知识里去。什么都学，也不可能什么都学精通，所以每个人都应该聚焦到某一个领域，把自己的这方面能力做到极致，让人无法替代，这样你就成功了！

曾有句话影响了我们几代人，说：“一个木桶能装多少水，取决于最短的板！”

在这句话的影响下，我们就使劲地去弥补自己的短板，结果因为我们的短板实在太多了，永远也弥补不完！这时候，我们反而应该学会先把自己的长板变得更长，然后拿自己的长板去和别人拼板！在一个领域里深耕细作的时间越久，你才可能会比别人更成功！

我很认同 Malcolm Gladwell 提出的“1 万小时定律”。要成为某个领域的专家，只需要 1 万小时，按比例计算就是：如果每天工作 8 个小时，一周工作 5 天，那么成为一个领域的专家至少需要 5 年。（如何在一年内获得别人 5 年的工作经验呢？唯有加班大法了！）

我从 2009 年进入电商，到 2018 年也有 9 年的时间了，一直在研究电商视觉，而且主要是讲视觉标准。在电商界讲视觉的老师很多，但讲视觉标准就是我一个人，并且用这套知识体系帮助很多淘品牌建立了视觉标准体系，数十万中小卖家都听过我的课，我还著书立说，把这套知识体系写在书里。相信在这个领域里我是唯一的，我也算“一米宽，一千米深”了。所以在电商视觉标准这个领域里，我自己也算一个品牌了！

其实，我们每个人都是一个品牌，我们也要学会经营自己的个人品牌。是品牌就要学会包装。

前面说了，一个人成功和其颜值是正比的。当两个人第一次见面时，彼此会通过相貌、穿衣打扮来判断对方的社会地位、修养素质，从而决定自己采用什么姿态和其交往，当交往一段时间后就知其内涵，再判断是否值得深交！

所以，你要想获得更好的交际圈，首先要学会包装自己。实际上，我们大部分人都长了一张大众脸，不是特别帅或漂亮，所以这时你要通过改变自己的妆容装饰、穿衣打扮，来改变自己的形象，让自己的形象看起来和别人不一样。这种包装最好是一直统一的一种风格，这是视觉差异化，也是表现形式差异化。这样才能让别人记住你。千万不要天天变风格，否则就会让人觉得你都不是你了。

同时，还要不断修炼自己的内功，这是本质的差异化，让自己的某一个领域的能力比别人更强，这样别人可以从你身上获得更多价值，就愿意跟你交往，这样你的人脉就会越来越好，人脉即钱脉。

我还是拿自己当个案例来说一下。我自认为自己的相貌一般，也就世界第三（偷笑），但我一直有统一的穿衣风格——民族风。另外我还给自己取了一个花名“弥乐”，因为我特别喜欢弥勒佛乐呵呵的形象。我觉得相由心生，很多人第一次跟我接触，都觉得我不管是性格还是长相都很像乐呵呵的弥勒佛，如图 5-18 所示。

图 5-18 “弥乐”的生活照片风格定位

其实明星包装也是这样的，史蒂夫•乔布斯从1998年到2011年穿的衣服，从来没有变过，这也是差异化和统一的表现，如图5-19所示。

图5-19　史蒂夫•乔布斯从1998年到2011年穿的衣服

再比如说赵本山的帽子、王二妮的大辫子、阿宝的头巾和坎肩（大家头脑里回忆下），这些都是他们的视觉差异化。他们各自的特长和突出的风格则是他们的本质差异化。他们的视觉差异化和本质差异化，会持续很多年都一直保持不变，所以才给观众留下了深刻的印象。 这些明星的定位也是一米宽，一千米深！

店铺品牌也是同理，也需要确定自己的定位，然后统一品牌形象，不断地重复，久而久之就会成为一个品牌！

5.6 如何进行差异化品牌定位

5.6.1 如何找到视觉差异化

如何找到自己的视觉差异化，需要系统地分析。接下来，我给大家讲一个学员的案例，看他是怎么找到自己的视觉差异化，并且做到一米宽，一千米深的！

在武汉，有个朋友的店铺是卖艾灸相关的养生器材的，他的美工和运营听过我的课后，就要求老板一定要请我给他们做指导。

当我看到这个店铺以后，给他的意见是：从今天起，你必须和你所有的员工都学习《黄帝内经》。

为什么我要他学习《黄帝内经》呢？因为我叔叔是个著名的老中医，在百度搜索“老中医张思鹰”就可以找到他。他救治过来自全国各地的疑难杂症，还教了我很多养生的知识，同时他也推荐我学习《黄帝内经》。在他的影响下，我也很注重中医养生，算是对中医略知一二。

我认为既然这位老板卖养生器材，至少应该是一个懂养生的人，然而他的店铺视觉给人的感觉，就是一个纯卖货的，根本不懂养生知识。

我们先看看他的店铺优化前的页面吧，如图 5-20 所示，不只是页面布局很凌乱，而且就连穴位都标注错了，谁还敢找他保健养生呢？

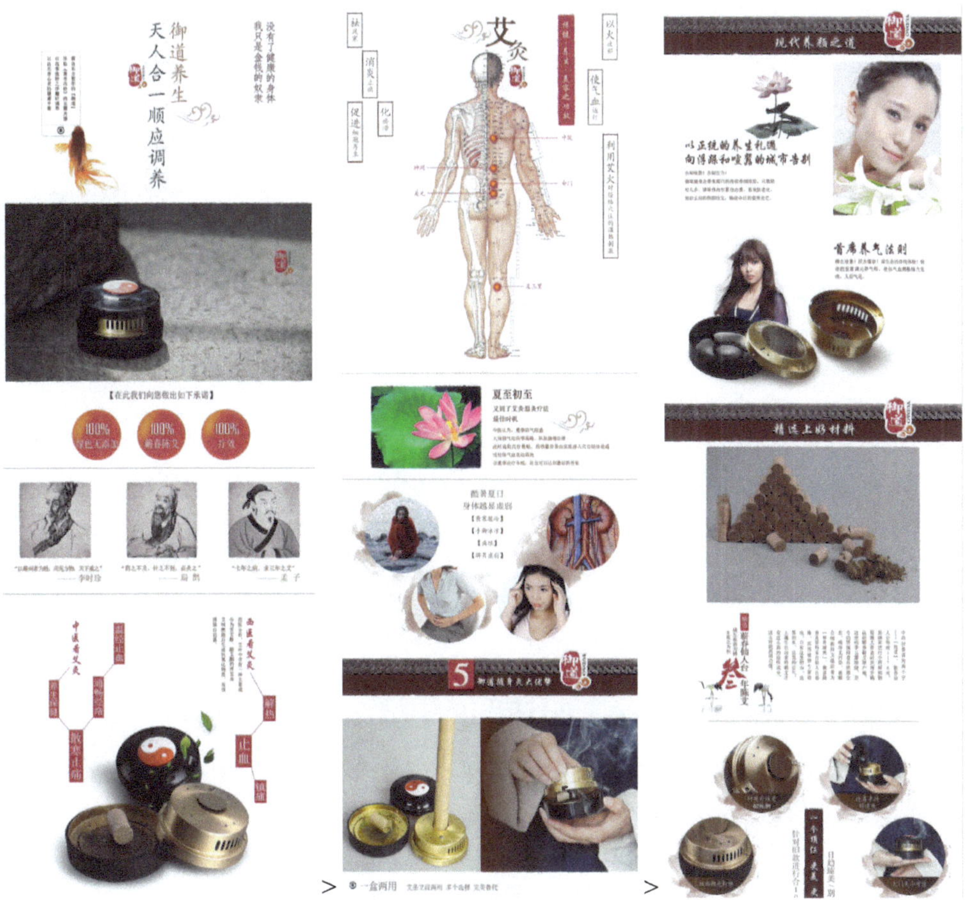

图 5-20 优化前的御道艾灸盒详情页

对这个页面进行分析后，我给他列出了以下几点建议。

（1）这个品牌名很不错："御道"。这个品牌名做养生使用非常好，第一次看到这个名字，消费者脑袋里就会有画面感。

"御"会让想到什么？皇帝。还让人联想到什么颜色？黄色。还让人联想到什么字体？毛笔书法字体。

"道"会让人联想什么？道士、拂尘、仙鹤、太极八卦、道家等。还会让人联想到什么颜色？黑色和白色混搭。还会让人联想到什么字体？还是毛笔书法字体。

这些元素都可以成为我们未来的品牌标签。

有了这些，我们的品牌视觉大致就有了方向，但是当前的视觉呈现是毫无这个感觉的。

（2）宣传口号"顺应调养天人合一"需要换，这个口号和我们品牌名不太符合。

（3）详情页文字太多，没有逻辑，消费者看见这样的详情页恐怕找不到重点。

（4）详情页里的穴位图，连最基本的穴位都标注错了。神阙穴是肚脐，却标到背上去了；关元穴在肚脐下面，结果也标到后面去了；足三里的位置也是错误的。

稍微有点医学常识的消费者都应该知道这些知识，而大部分用艾灸的消费者都应该懂这些穴位知识的，因为这部分人群的养身意识还是比较强的，身体处于亚健康状态的时间比较多，久病成良医。

作为商家要知道，任何一个消费者在购物时，都有一个痛点没有被满足，有一个愿望没有被实现。他们买的不是产品，而要买"产品给他们带来的变化"。如果看到一个做养生的店铺连穴位都不懂，他敢把身体交给这家店吗？所以，如果这个店铺想把生意做好，全体员工必须个个成为养生达人，一定要让消费者进店后，无论是店铺装修，还是客服接待，都觉得这店是最专业的。

所以从今天开始公司所有员工都要学习《黄帝内经》，这是中医的基础。我自己也一直在学习《黄帝内经》，已经持续多年，知道这些知识对他们有帮助。

（5）详情页的细节做得不到位。模特的手指甲没有修剪，长短不一，还有污垢；模特的衣服太大，看着不舒服。

（6）女模特看起来不像懂养生的，头发横飞，感觉像夜店女郎。

说明问题和方向后，我让老板回去把自己对困惑总结一下，过了几天他给我交了一个作业，内容如下。

御道品牌视觉问题收集

最大问题

如何制定自己的品牌视觉标准？

御道品牌：http://yudao.jd.com

困惑 1：拍摄

如何进行拍摄定位？尤其是主图，需要做到差异化。因为品牌产品种类比较多，区别又比较大，如果只做一个种类还比较容易。需要不同类型的产品做不同的模板吗，怎么让所有种类形成统一风格？如果需要增加品牌活体选择什么比较适合？

产品拍摄需要什么样的设备和灯光道具？我们现在主要是静物拍摄。

困惑 2：配色方案

如何确定适合自己的颜色？

当前色彩标准如下。

红色为 LOGO 颜色，同时是中国传统颜色。

辅色调 1 为原木色，有古色古香古籍之感。

辅色调 2 绿色，象征自然纯天然健康。

困惑 3：字体应用标准

如何确定适合自己的字体，需要英文字体吗？

初步制定的标准字体是：黑体、宋体、方正小标宋。

困惑 4：描述的逻辑顺序和具体内容

针对我们不同类型的产品的宝贝描述的逻辑顺序有统一的标准吗？如果想在宝贝详情

页上宣传品牌，放些什么内容比较适合呢？

困惑 5：BANNER 设计

契合我们品牌的 BANNER 应该如何设计？

困惑 6：如何让我们不同类型产品的包装统一化、标准化。

困惑 7：美工和文案的 KPI 考核如何制定

忘了写一点，我们的产品不属于医药和保健品，该如何更大化地对产品进行宣传？还有具体的定位问题，目前定位为家庭日常养生品，如果这个定位可以，该怎么让消费者认可？目前的标语是“天人合一，顺应自然”，是否有更合适的？

从老板收集的问题来看，他对自己的品牌理解还是比较深入的，我相信他的困惑也是很多店铺老板的困惑。关于文中的困惑 2（颜色方案）和困惑 3（字体方案）都被我否定掉了，因为都不符合品牌调性，而其他的困惑则在后来都一一解决。

宣传口号“天人合一，顺应自然”，后来在我的建议下换成了“我的御用养生之道”。

知道自己的问题有哪些，说明已经知道自己不知道了，这是好事，至少方向是明确了，接下来我又让他做了一件事，就是找到和我们想要的风格比较类似的店铺，可以是同行业竞争对手的，也可以是不同行业的，跨地域、跨品牌都可以，同时总结他们在视觉上比较统一的元素有哪些。以下是他交的作业，如图 5-21 所示。

养生	芊金坊	http://qjf520.taobao.com	
	同仁堂	http://bjtrtjk.tmall.com	
	雷允上	http://leiyunshang.tmall.com	
	方回春堂	http://fanghuichuntang.tmall.com	
	宝芝林	http://baozhilin.tmall.com	
	上官燕	http://naturalnestsgy.tmall.com	
	五谷磨房	http://wgmf.tmall.com	
	老金魔方	http://laojinmofang.tmall.com	颜色OK，元素统一
	食中和	http://shizhonghe.tmall.com	
	片天下	http://piantianxia.tmall.com/	
	上方堂	http://shangfangtang.tmall.com/	有点感觉
食品	云上古村	http://yunshanggucun.taobao.com	
	故乡车站	http://birthfood.taobao.com	
	五芳斋	http://wufangzhai.tmall.com	
	山味集	http://shanweiji.taobao.com	
	良风	http://theland.taobao.com	
	物喜食材	http://wuxifamily.taobao.com/	
	安泰桥	http://antaiqiao.taobao.com	
	食诉	http://mimishisu.taobao.com/	
	南食召	http://nanshizhao.taobao.com	
	舌尖上的中国	http://yao.tmall.com/go/market/yiyao/sj_yy.php?spm=a2167.7253745.1997414249.41.2s1rPn	
	胡公子	http://mrhu.tmall.com	
	八马	http://bama.tmall.com	
	抱龙山	http://baolongshanpai.tmall.com	有点感觉
	研传	http://yanchuansp.tmall.com/	

总目录　芊金坊　老金磨方　云上　山味集　抱龙山　研传　素一素二　伍谷　御泥坊

图 5-21　与御道风格比较类似的店铺及品牌视觉元素

参照店铺	芊金坊	
网址	http://qjf520.taobao.com	
品牌	logo	
	slogan	无
字体	产品字体	黑体　千金坊
	活动字体	康熙字典体
色彩	主色	
	辅色1	
	辅色2	
元素	印章 古籍版式	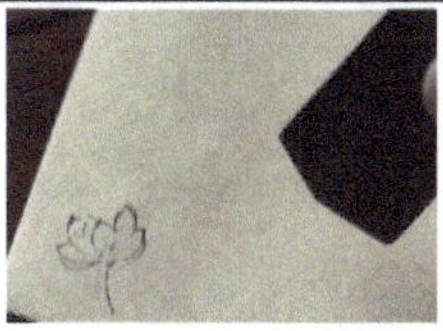

总目录　芊金坊　老金磨方　云上　山味集　抱龙山　研传

参照店铺	老金磨方	
网址	http://laojinmofang.tmall.com	
品牌	logo	
	slogan	想食铺 找老金
字体	产品字体	方正兰亭准/中黑
	活动字体	方正启体简体
色彩	主色	
	辅色1	
	辅色2	
	辅色3	
元素	墨迹	

总目录　芊金坊　老金磨方　云上　山味集　抱龙山　研传　素一素二

图 5-21　与御道风格比较类似的店铺及品牌视觉元素（续）

通过以上总结，我们就可以轻松地梳理出自己的品牌元素和拍摄风格，以及拍摄中需要搭建的场景、道具、模特等具体要求了。

让大家直接看最后的结果吧，如图 5-22 所示。

图 5-22 优化后的御道艾灸盒详情页

图 5-22 优化后的御道艾灸盒详情页（续）

优化后的详情页有以下几点值得大家学习。

（1）详情页的第一屏要提炼出一个核心卖点，这个卖点要用很搭配的字体设计出来。

（2）详情页的文案少即是多，而且要有逻辑性。

（3）字体不超过三种，字号最多分三级，一级文案字号最大，依次减小，相同级别的文字采用相同的字体字号。

（4）拍摄风格统一，采用统一的场景、道具、模特，场景要还原消费者真实的使用产品的场景，这样有一种代入感。

（5）在详情页中不断地重复自己的品牌元素，如品牌名、LOGO、宣传口号，这样可以让消费者记住你，也相当于给消费者洗脑。

再看一个详情页，大家就可以从中找到规律了，如图 5-23 所示。

图 5-23 优化后的御道 72 金艾条详情页

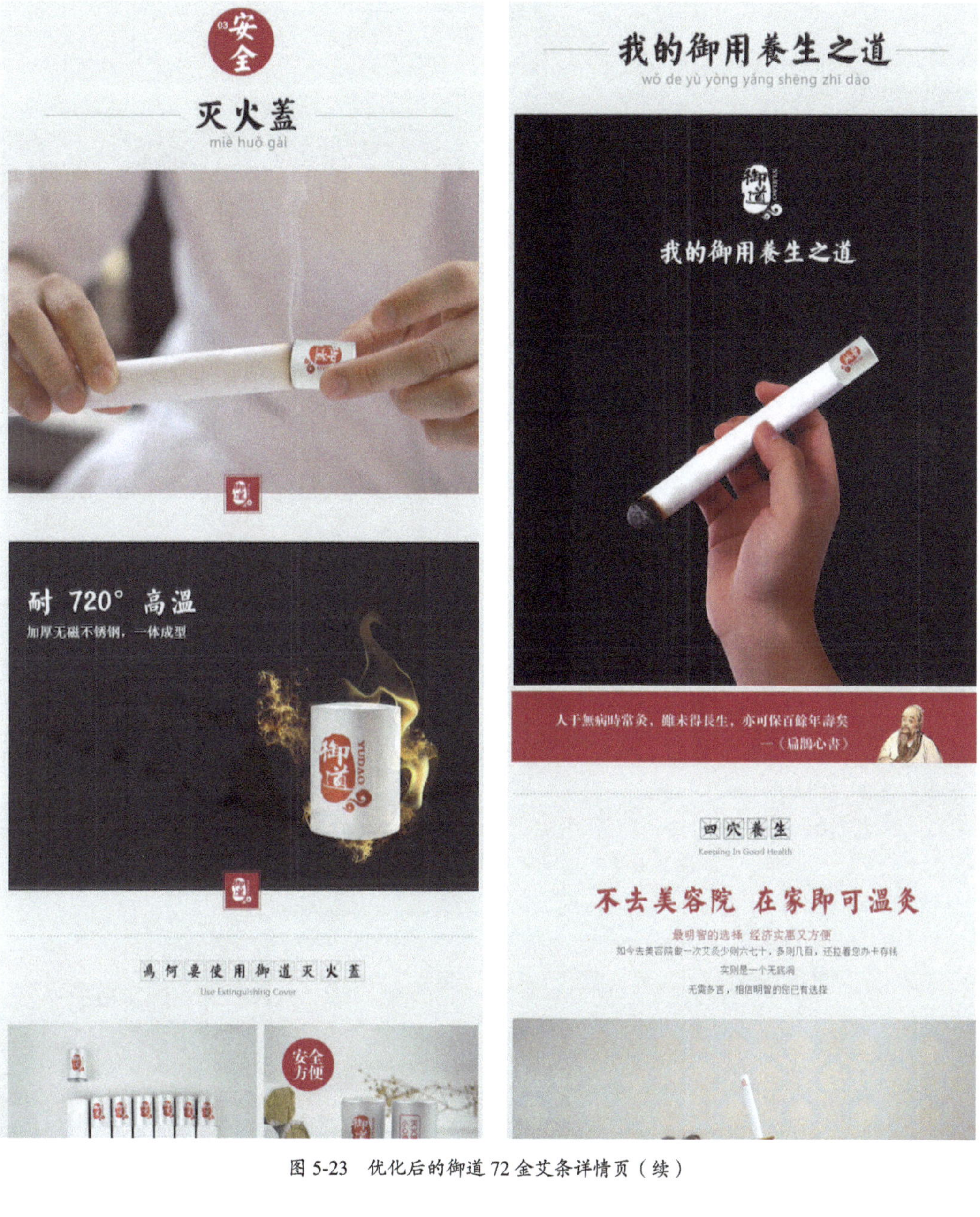

图 5-23 优化后的御道 72 金艾条详情页（续）

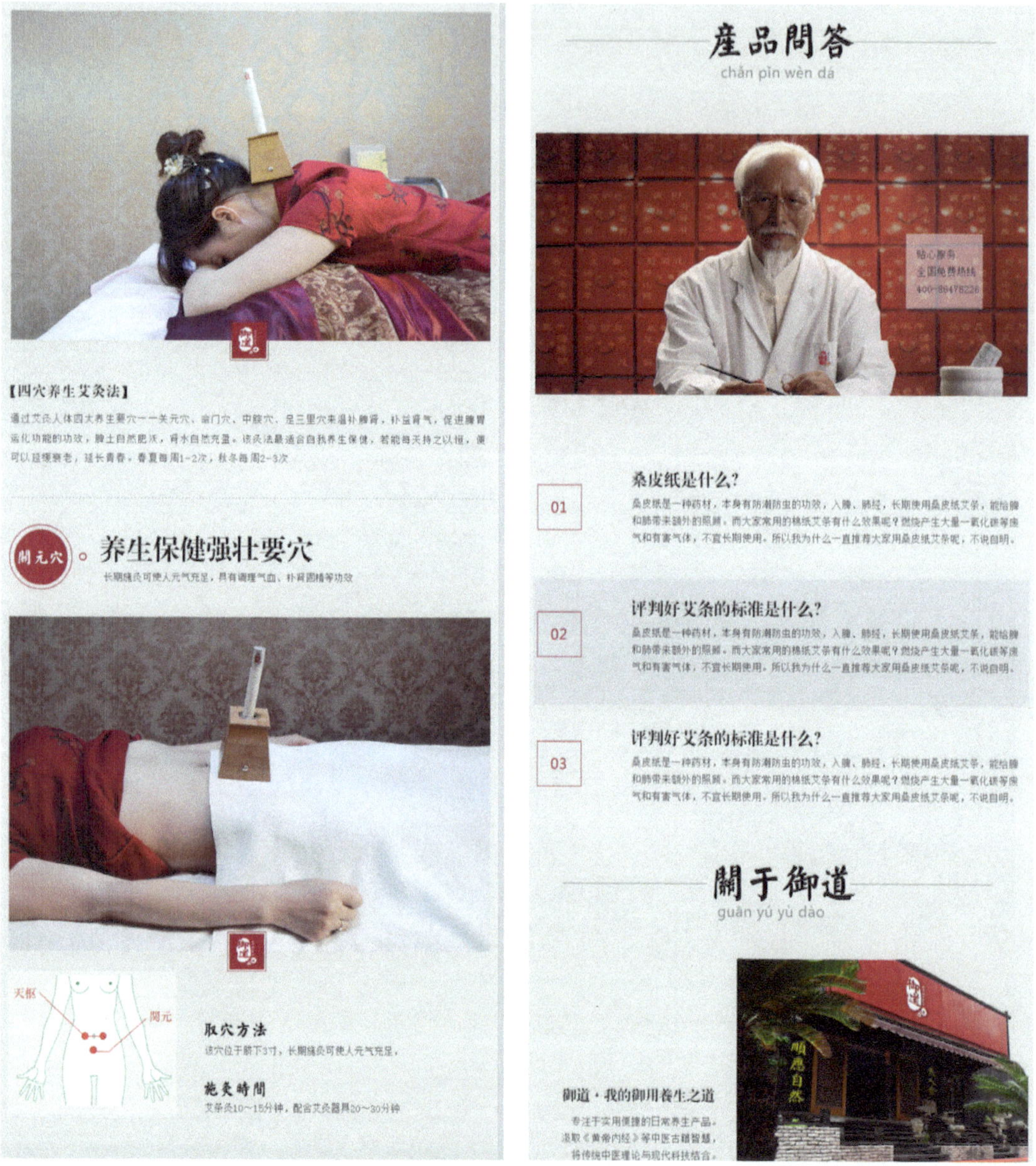

图 5-23　优化后的御道 72 金艾条详情页（续）

可以看出，有了标准之后的详情页逻辑、呈现都很统一了，这样的页面只有一个人会做是不够的，要让后来的美工都会做才可以，所以我们做了很详细的详情页标准，其中部分内容如下所示。

艾条类描述逻辑顺序

【目录】

【1. 首屏——产品意境图选图标准】

（1）图片大小：790px（宽）×730px（高）

注：首屏意境图高度不要超过 768px

（2）主标题字的大小和字体：19 点、汉仪颜楷繁

注：主字体中需要突出的字体，可采用 http://www.epinv.com/online/ 网站上在线生成的书法字体，且需要设计成墨迹飞溅效果。

（3）LOGO 大小：73px（宽）×94px（高）

（4）选图设计标准：抽屉式包装，产品需打开，灭火盖需要展示；产品标贴需要使用效果图，而不能直接使用拍摄原图（因为字无法看清）；图片所表现出的感觉应是中式中医传统；符合品牌形象中医传统养生之感。

【2. 主导航栏】

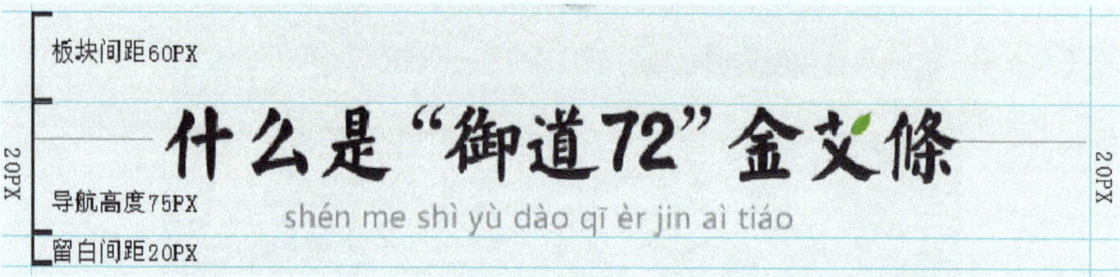

（1）导航标题中文字体 : 汉仪颜楷繁

（2）标题汉字大小：14 点

（3）标题汉字颜色：#000000

（4）标题汉字字距：-50

（5）英文字体：微软雅黑、一级标题需要用中文拼音，而且要注明音调

（6）英文字母大小：5 点

（7）英文字母颜色：#959595

（8）英文字母字距：0

……

有了这样的标准，换谁做效果都一样。这个时候对于美工的技能要求就不高了。

有很多电商朋友曾经问我说：“朱老师，我们的视觉工作可不可以外包出去呢？”

我说：“当然可以外包，前提是你一定要知道你想要什么，如果你自己都不知道想要什么，那么你的外包十有八九是不会让你满意的！因为没有任何一个人比你更了解你的客户，没有任何一个人比你更了解你的产品！”

如果你也有了这样的标准，你的视觉外包也没有问题。

这些视觉标准也只是我们给御道做的很小一部分标准。在我的建议下，御道的每位员工都学习了《黄帝内经》，且每个客服对各种病理的回复都是统一的，他们个个都是养生高手。御道每个月都会在网上给新老客户讲养生的知识，这样一来他们不只是卖货了，而是传播健康养生的理念，同时顺便卖点产品，这样让成交变得轻松简单多了。他们也慢慢开始向社群营销、内容营销转变。

通过上面的案例分析，你是否知道如何让视觉差异化了呢？

这个分析过程会帮你找到表现形式的差异化。其实表现形式的差异化，还可以从以下几个方向去考虑。

（1）拍摄差异化

（2）包装

（3）原材料

（4）原产地

（5）情怀

（6）服务

等等。

希望能够带给大家启发。

5.6.2 如何找到本质差异化

如果想要找到本质的差异化，就要做更详细的市场分析、竞争对手分析，从而找出自己的产品方向！

我们分析市场业务发展趋势的核心是，判断这个市场的规模是向上还是向下。我们不能去做一个即将死亡的市场，而是应该去做一个整体规模还在不停放大或者是一个更有成长性的市场，这样对我们的生意来说，就是借势。

线上生意直接面对的消费群体实在太大，我们要做的第一件事反而是想好“我要重点服务什么样的消费者”。我们不可能什么样的消费者都重点服务，而是应该找到核心的20%消费者，做出满足他们需求的产品，再通过他们去影响剩下80%的消费者。只有这样，线上生意才有可能做成功。

在淘宝这个数据透明的舞台上做生意，对手的情况我们一定要了如指掌。最好的竞争就是避开竞争，比如说你现在想卖零食，就不要去和三只松鼠的主打品类去竞争，而是应该避其锋芒，找到其短板再去与之竞争。

举一个例子。看一下2012年时良品铺子的执行总经理邹鸣（我非常敬佩的一位品牌操盘手，现任宁美国度执行总裁）当时做的竞争对手分析，他甚至把竞争对手老板的出身背景都分析出来了，还有竞争对手引入一个新客户的成本、主打品类、品牌转化率、供应链等信息都做了系统的分析，如图5-24～图5-29所示，只有知己知彼才能百战百胜。

竞争对手	背景分析	竞争对手优势	竞争对手劣势
新**	做实体出身，2008年进入淘宝，淘大MBA讲师，与淘宝各类目负责人私交很好，新**品牌也是淘宝内部扶持起来的第一代淘品牌	• 有众多淘宝资源、一定的品牌基础 • 品牌吊性符合类目特征 • 按照丰田模式建设自己的供应链体系	• 依赖淘宝，其他平台的活动要看淘宝脸色 • 品牌宣传能力上与三***比相对较弱 • 原创品牌，无外部资金，资金能力较弱
三***	原壳壳果负责人，营销出身，2012年年头单飞，以壳壳果团队为基础，创立三***品牌，IDG投资150万美元启动资金	• 品牌意识很强，很擅长做营销 • 细节服务很突出，善于抓顾客心理 • 围绕临安建设供应链体系	• 产品品质比较差，卖包装 • 3折为噱头，已形成三***是三折的概念
百**	原传统线下品牌，2011年进入淘宝，现在逐渐放弃线下市场，主攻线上	• 传统线下成熟供应链体系 • 有一定的线下品牌顾客基础 • 产品品类覆盖较广	• 为抢夺市场，降低了产品品质 • 线下转线上的供应链还不稳定 • 不关注顾客服务
周**	武汉地区传统线下品牌，2009年进入淘宝，但一直未在线上发力，依靠线下品牌传播带来的线上销售	• 全国范围内的地区性特色品牌 • 单品竞争力极强 • 成熟的线下实体供应链	• 产品品类太单一，天花板效应已经显现 • 品牌名局限性较大 • 现有供应链是专门为线下准备的，在扩新品类后的效率性无法预估
楼***	2008年进入淘宝，兄长在新疆做特产批发，利用货源优势，低价杀入淘宝，纯粹的草根创业团队，现在的团队组成也以家族成员为主	• 淘宝C店扶持商家，主动给予资源，有一定的品牌知名度 • 直接收购原料，自己分装销售，产品流转成本极低 • 品牌名称符合类目特征，容易记忆	• 家族型团队，整体专业技能缺乏 • 不关注产品安全与质量 • 低成本，低毛利的扩张，资金链紧张
昆**	2009年开始专业做枣，一直比较低调，背景不明，占据淘宝20%以上的枣类份额；（淘宝好想你枣，大部分不是旗舰店销售，是众多小店利用该品牌）	• 几年专业低调的运作，已经在枣类目形成一定的行业竞争壁垒 • 客户积累基数较为庞大	• 枣类产品线太单一 • 视觉无品牌感 • 不关注顾客服务
西***	原新疆一家卖土特产的旗舰店，2011年年底被新疆果业集团连同团队一起收购	• 有国企背景，雄厚的资金支持 • 后端与前端供应链都较为齐备	• 地处偏远，人才缺乏，没人愿意去 • 不关注顾客服务 • 视觉无品牌感

图5-24 竞争对手分析——品牌分析（PPT截图）

品牌列表	销售额	市场费用	成交人数	搜索人数	单顾客引入成本	新顾客获取成本	销售投资回报率
新**	55,947,946	2,760,000	921450	8,168,862	0.3379	2.9953	20.27
三***	28,273,180	2,700,000	543,868	4,569,836	0.5908	4.9645	10.47
周**	43,301,986	1,560,000	415,031	3,487,881	0.4473	3.7588	27.75
百**	46,055,251	2,520,000	897,016	6,421,683	0.3924	2.8093	18.28
好***	171,129,997	5,850,000	1,001,011	8,391,879	0.6971	5.8441	29.25
昆**	99,171,483	312,000	496,266	4,282,6450	0.0729	0.6287	317.86
来**	22,991,791	624,000	585,786	4,510,412	0.1383	1.0652	36.85
楼***	123,572,386	2,400,000	1,924,598	12,048,894	0.1992	1.2470	51.49
淘*	9,627,140	540,000	383,322	3,329,602	0.1622	1.4087	17.83
西***	42,386,122	4,200,000	648,621	5,530,839	0.7594	6.4753	10.09
良***	15,868,587	680,000	435,999	5,407,240	0.1258	1.5597	23.34

图 5-25 竞争对手分析——新客户成本（PPT 截图）

商家列表	品牌口号	品牌定位	品牌转化率	促销策略	核心商品
新**	新**、一起磕	天猫原创品牌	11.28%	5-8折，99元包邮	碧根果、夏威夷果
三***	慢食，快活	互联网食品第一品牌	11.90%	虚高原价，全部三折，49元包邮	碧根果、夏威夷果
周**	会娱乐更快乐	中国时尚卤味领导品牌	11.90%	遵循实体定价，最低8折，99元包邮	鸭脖、鸭锁骨
百**	-	打造休闲零食第一品牌	13.97%	全部3-5折，118元包邮	夏威夷果、碧根果
好**	天下第一枣	中国红枣领导品牌	11.93%	全场6.5折起，198元包邮	枣
昆**	不是所有新疆红枣都叫和田玉枣	全网红枣销量第一店	11.59%	礼盒5折，买4送1，单品很少打折，单品包邮	枣
来**	传播休闲文化，创造快乐无限	打造休闲食品第一品牌	12.99%	遵循实体定价，最低7折，128元包邮	鸡爪、猪肉脯、小蛋糕
楼***	-	-	15.97%	3折，同业标价最低，88元包邮	枣、葡萄干、核桃
淘*	生活就是淘乐趣	-	11.51%	3折，9.9活动包邮，常规118元包邮	牛肉干、猪肉脯
西***	我们不生产干果，我们只是大自然的搬运工	-	11.73%	4-7折，68元包邮	枣、核桃、葡萄干
良品铺子	让嘴巴去旅行	全球华人休闲食品领导品牌	8.06%	遵循实体定价，最低7折，158元包邮	猪肉、牛肉、鸭肉

图 5-26 竞争对手分析——品牌转化率（PPT 截图）

通过以上分析，我们认为良品铺子做猪肉、牛肉、鸭肉会更容易成功！

产品类目	竞争对手			良品铺子		
	对手名称	销售金额	成交人数	销售金额	成交人数	行业排名
坚果/炒货类	类目关注人数	118,736,441				
	新**	55,947,946	913,744	4,279,858	116,839	37
	三***	28,273,180	535,583			
肉类	类目关注人数	105,510,413				
	周**	43,301,986	415,031	5,045,727	114,237	31
	有*	33,047,485	854,037			
饼干/糕点/膨化类	类目关注人数	142,454,399				
	稻**	26,261,147	191,537	1,647,705	64,020	97
	御**	20,025,699	335,501			
糖果/布丁类	类目关注人数	52,972,124				
	金*	43,921,009	759,416	202,456	9,740	142
	不**	18,763,971	403,697			
蜜饯/枣类	类目关注人数	144,419,138				
	好**	171,129,997	997,141	3,043,940	105,471	43
	昆**	99,171,483	490,289			
海味即时/鱼制品	类目关注人数	40,798,661				
	书*	5,914,715	129,610	929,535	25,617	45
	优*	5,708,582	138,358			

图 5-27 竞争对手分析——销售规模（PPT 截图）

竞争对手	品类	品质	供应链	可能的采取的市场手段
新**	坚果炒货类	比较关注产品品质质量，但没有达到优质标准	临安本地企业，2013年新建8000平配送仓，OEM加工厂在配送仓半径2小时内	面临三***和百**的联合攻击，可能会加强新**的品牌宣传，利用新**是淘品牌的优势，继续强调新**”，一起磕的概念，扩大新**在坚果类目市场份额的占领
三***	坚果炒货类	不关注产品品质，质量较差	芜湖，设立自己的分装工厂	继续高调宣传互联网食品第一品牌概念，进行第二轮融资（2013年1月估值2.5亿元），占领坚果类目的5大细分类目，辐射其他平台，估计2013年不会扩品类
	茶/花茶类	不关注产品品质，质量较差		
百**	坚果炒货类	不关注产品品质，质量较差	杭州线下连锁，现在主攻线上市场	2013年1月忽然发力，30天销售近3000万元，主打坚果类目，百**的品牌口号是“打造休闲食品第一品牌”，利用三***的搅局，正式切入坚果类目市场，可能会利用竞争机会和市场份额进行融资。2013年可能会丰富其他品类的产品线，围剿三***和新**
	茶/花茶类	不关注产品品质，质量较差		
	肉类	不关注产品品质，质量较差		
周**	肉类	遵循线下产品品质控制标准	产品线与线下统一，共用线下实体供应链	鸭类已占据95%以上淘宝市场份额，再上升的空间有限，2013年准备发展牛肉类目，已注册新品牌新公司
楼***	蜜饯/干果/枣类	新疆果农直接收购，本地分拣，分装，无安全标准、质量标准	纯手工作业，无供应链概念	2013年开始改造后端供应链，已引进流水分拣线，全面整改内部体系，为引进投资做准备，2013年继续扩大枣类市场份额，超越南京昆**，成为枣类第一品牌
	坚果炒货类			
昆**	蜜饯/干果/枣类	较好	不了解	不了解
西***	蜜饯/干果/枣类	新疆果业集团收购，有自己的种植基地，遵循实体品质控制标准	使用新疆果业集团实体供应链，包括前端配送链	2012年全年在整合供应链，2012年12月开始发力，一个月投入市场费用157万元，全力进攻枣类目，2013年估计西***为枣类市场第一的目标，痛下血本
	坚果炒货类			
	茶/花茶类			

图 5-28 竞争对手分析——供应链分析（PPT 截图）

竞争对手品牌							良品铺子				
品牌品	商品名称	规格(g)	标价	实际售价	每克价	包装形式	规格(g)	良品售价	每克价	包装形式	差异率
三***	炭烧腰果	185	32.50	26.00	0.1405	牛皮纸+铝箔袋	250	33.40	0.1336	小塑料袋	-5.20%
	开心果	225	35.00	22.90	0.1018	牛皮纸+铝箔袋	190	24.66	0.1298	小塑料袋	21.58%
	美国大杏仁	235	23.80	18.90	0.0804	牛皮纸+铝箔袋	330	49.00	0.1485	小塑料袋	45.84%
新**	碧根果	708	98.90	74.50	0.1052	铝膜自立袋+封条	260	30.10	0.1158	小塑料袋	9.11%
	开口巴达木	200	29.82	15.31	0.0766	铝膜自立袋+封条	440	38.00	0.0864	小塑料袋	11.36%
	东北开口松子	188	42.64	23.30	0.1239	铝膜自立袋+封条	330	42.40	0.1285	小塑料袋	3.54%
百**	夏威夷果	600	61.80	49.90	0.0832	牛皮纸+铝箔袋	280	24.64	0.0880	小塑料袋	5.49%
	东北开口松子	480	79.90	59.90	0.1248	牛皮纸+铝箔袋	330	42.40	0.1285	小塑料袋	2.87%
	奶油山核桃	190	28.90	25.90	0.1363	牛皮纸+铝箔袋					-
	碧根果	380	59.80	35.90	0.0945	牛皮纸+铝箔袋	260	30.10	0.1158	小塑料袋	18.39%
周**	鸭脖	220	20.00	20.00	0.0909	透明真空塑料袋	250	22.80	0.0912	铝箔独立装	0.32%
	卤香干	150	8.00	8.00	0.0533	透明真空塑料袋	250	10.50	0.0420	小塑料袋	-26.98%
	鸭翅	180	15.00	15.00	0.0833	透明真空塑料袋	250	22.40	0.0896	铝箔独立装	6.99%
楼***	和田大红枣	500	77.60	38.80	0.0776	透明塑料袋	80	10.00	0.1250	昆仑尚枣	37.92%
	开口巴达木	180	23.00	11.50	0.0639	透明塑料袋	440	38.00	0.0864	小塑料袋	26.02%
	黑加仑子	180	22.80	9.90	0.0550	透明塑料袋	250	17.90	0.0716	小塑料袋	23.18%
昆**	昆**红枣3星	500	37.00	34.00	0.0680	透明塑料袋	100	15.00	0.1500	天山珍枣	54.67%
	昆**红枣4星	500	47.00	47.00	0.0940	透明塑料袋	100	18.00	0.1800	健康红枣	47.78%
	昆**红枣5星	500	63.00	63.00	0.1260	透明塑料袋		-			-

图 5-29　竞争对手分析——价格分析（PPT 截图）

通过以上系统分析，我们得出以下结论。

（1）机会很大

- 未来的新一代消费者，习惯于网上购物。
- 随着支付体系、诚信体系和物流体系的成熟，越来越多的人开始相信网上购物，并付诸实践。
- 休闲食品电商市场还没有绝对的领导品牌。

（2）竞争对手不强

- 还没有出现过亿元级别的食品电商品牌。
- 大部分竞争对手都处于 1 ～ 2 个细分市场中，供应链和资金链限制了其品类扩张。
- 大部分竞争对手的团队技能偏向于电商市场营销，他们的组织型和辅助型技能偏弱。

（3）我们有机会

- 我们有 8 大品类产品线，覆盖除茶、奶制品和巧克力制品以外的食品类目。

- 拥有 8 大品类产品线衍生的专业化供应链。
- 我们的产品质量与口味，符合顾客需求。

这是个非常卓越的案例。只有这样做才能找到自己的本质差异化，从而避开白热化的竞争！

方向大于努力。一件事要想成功，前期的工作很重要。很多电商老板总是用战术上的勤奋，来掩饰战略上的懒惰。有人在做生意前，连差异化都没有想清楚，就盲目地开店，后面只会盲目地跟风，做到最后怎么死的都不知道。

所以，**我们做任何一件事都要先谋定，而后动身，这样才能决胜于千里之外！**

第 6 章 如何制定品牌视觉标准

前面讲了品牌定位的理论，也介绍了品牌差异化的办法，接下来本章就是关于如何统一品牌元素。有哪些品牌元素需要制定标准呢？现在就来详细地讲解。

品牌视觉需要统一以下标准：名字、LOGO、SLOGAN、色彩、字体、字号、品牌活体、品牌标签、品牌摄影、产品摄影、品牌包装、品牌故事、品牌接触点。

6.1 名字

名字定江山。有一个好的品牌名字，品牌就成功了一半！

将两个名字说给同一个人听，如果他记住第一个名字需要 1 分钟，记住第二个名字需要 10 秒钟，那么第一个名字的传播成本就是第二个名字的六倍。

就像一个人在社会上闯荡，你认识多少人不重要，有多少人认识你而且还能记住你才重要。在一些社交场合，大家通常会做自我介绍，有些人的名字一说出来，大家就会记住，而有些人的名字刚说出来，大家很快就忘了。如果你父母给你取的名字不好记，你可以给自己取一个花名，就像阿里巴巴每个小二都有一个花名。

我在 16 年前有个学生，他的名字我现在还记得。他姓毛，名一根，全名“毛一根”。当时我在班上念到这个名字的时候，全班都笑了，他本人还很认真地站起来跟大家解释：“我真的叫毛一根，这是我的身份证，不信你们看！”

其实是不是真的叫毛一根，这时都不重要了，重要的是大家都记住他了，而且是刻骨铭心地记住了。

如果你的品牌名字也这么好记，你的客户搜索你的品牌，会不会越来越多呢？大家想一下，是搜索品牌词的转化率高，还是搜索品类词进店后的转化率高呢？答案肯定是搜索品牌词的转化率高！

所以，为了方便消费者记住你，你一定要给自己的品牌取一个好记的名字。

有些品牌为了给消费者营造一个洋品牌的感觉，就会取一个很长的英文名——这个英文名别说客户记不住，就连他们自己的员工都经常写错，怎么可能有良好的复购率呢？

这方面要学习一下一些国际大牌，比如“LV”的全称是“Louis Vuitton”，如图 6-1 所示。

图 6-1 LV 的英文全称

为了消费者容易记忆，其特意将全称简化为“LV”。

Coca-Cola 这个名字有几个中国人能记得准确？我相信没有几个人，但是“可口可乐”大家都知道。这个外来品牌为了让中国人记住，特意把英文名音译成“可口可乐”，如图 6-2 所示。

图 6-2 可口可乐的中英文对照

那么问题来了。大家想一想：你的品牌名好记吗？如果你的品牌是很长的英文该怎么办？如果是很难记的中文该怎么办？

如果你的品牌名太复杂，一定要想办法简化，或者直接取一个更好的品牌名。

以下我总结了一些常用的取名方法，供参考。

（1）口语化、接地气

叠字的巧妙运用能让名字更加朗朗上口，比如滴滴打车、房多多、娃哈哈、人人猎头、爽歪歪、当当网等。

（2）名字即服务

比如酒仙网、麦包包、易到用车、顾家家居等。

（3）名字即材质

比如全棉时代、林氏木业等。

（4）满足目标用户的调性

比如初语、裂帛、茵曼等。

（5）人物化

比如薛蟠烤串、特斯拉、米老头、福娃等。

（6）动物或卡通形象

可爱的动物是最好的营销天才！比如小狗电器、三只松鼠等。

（7）人类文化遗产

受到人类文化遗产祝福的品牌，一出世便是强势品牌，比如唐饼家、武大郎烧饼等。

6.2 LOGO

LOGO 设计的起源，可以追溯到上古时代的“图腾”。那时，每个氏族和部落都用一种与自己有某种神秘关系的动物或自然物作为本氏族或部落的特殊标记，这种标记就被称为图腾。比如女娲氏族以蛇为图腾，夏禹的祖先以黄熊为图腾，还有的族群以太阳、月亮、乌鸦等图案为图腾。

后来有了国家，国家里有了商品，为了区别商品的起源地，就在商品上打上一个烙印。这个烙印后来就衍生为品牌标志，也就是现在的 LOGO。

LOGO 是一个品牌的无形资产，LOGO 设计要结合自己的品牌理念、品牌名字去创意。

至于 LOGO 的设计方法，我不想讲太多，这些知识可以到百度去搜索。我想讲的是

LOGO 使用规范。

很多人问我："朱老师，请帮我看一下，我的 LOGO 好不好看？"

我说："LOGO 好不好看是主观意识，你的 LOGO 是什么寓意，你只要诠释清楚就可以了，然后向你的消费者去灌输。关键是你的 LOGO 在使用过程中，有没有统一的形式，比如颜色、位置、大小是否有统一标准？在最小的应用场景 中，LOGO 能否看得清晰？"

如图 6-3 所示，在手机淘宝搜索店铺时，第一家店铺的 LOGO 就非常小，基本上是客户看不清楚的。

图 6-3 很小的 LOGO，导致看不清楚

在保证 LOGO 能被看清楚的前提下（这是最基本的要求），店内店外各视觉图就要无限次地重复同一个 LOGO。比如小狗电器的 LOGO，不管是官方旗舰店还是专卖店，不管是在 PC 端还是在无线端，不管是在店内还是在店外，凡是有品牌展示位置的地方就都在重复同一个 LOGO，如图 6-4 所示。

图 6-4　小狗电器的 LOGO 反复出现

作为这么一个有影响力的淘宝品牌，还有这么强的品牌意识，我们是不是应该向其学习呢？

类似于这样的案例还有很多，比如特步，如图 6-5 所示。

图 6-5　特步的 LOGO 反复出现

大多数中小卖家，其实还在品牌成长的路上。大家应该想一想自己的 LOGO 在店内重复了多少次？在店外出现过多少次？而且每次出现的形式是否都统一？

制定品牌 LOGO 标准，分为以下 4 步。

（1）确定形式。LOGO 形式一般分为两种，横版或竖版，如图 6-6 所示。

DELIXI 德力西

DELIXI
德力西

图 6-6　横版和竖版 LOGO

（2）确定颜色。LOGO 颜色一般不超过两种色（反白不算），如图 6-7 所示。

图 6-7 LOGO 颜色的标准

（3）确定尺寸。确定 LOGO 尺寸大小、比例，仅列举部分案例，如图 6-8 所示。

图 6-8 制定 LOGO 的大小、比例应用标准案例（规范文件截图）

（4）确定位置。罗列出 LOGO 可能出现的位置，如图 6-9 所示，并规范这些位置的形式、颜色、尺寸、位置。

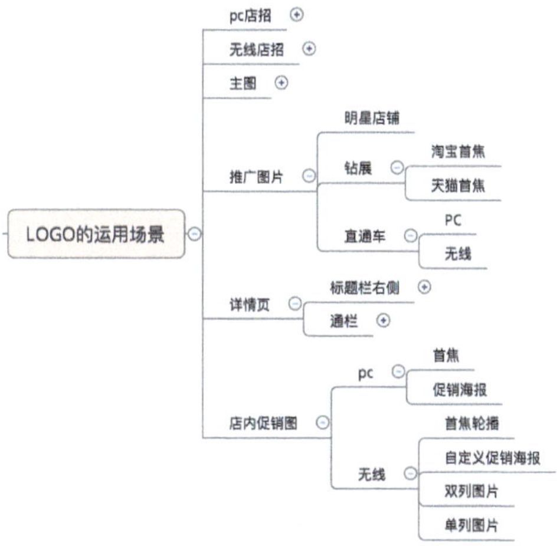

图 6-9 LOGO 的运用场景思维导图

6.3 SLOGAN

SLOGAN 就是一个品牌的宣传口号。

人的大脑分为左右脑，左脑偏理性思维，对文字比较敏感；右脑偏感性思维，对图画比较敏感，如图 6-10 所示。

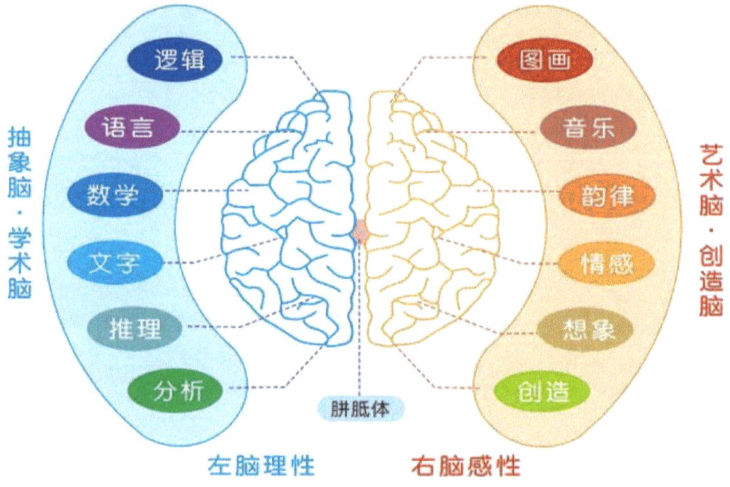

图 6-10 左右脑功能图

如果想要让消费者能够更好地记住品牌，必须左右脑同时开发。我们的 LOGO 只能开发消费者的右脑，因此，我们还要用一句话来开发消费者的左脑，让他看到 LOGO 就能够想到我们的一句话宣传口号。也就是说，我们必须有一句话能总结品牌差异化，好让消费者能够在他大脑里对品牌产生清晰定位，以决定要不要记住。

比如“阿芙就是精油”，这句话虽然很简单，但一下子让人知道阿芙是做什么的，简单、直接、好用。

再比如“今年过节不收礼，收礼只收脑白金”，这句话是家喻户晓的 SLOGAN，让人们知道这个东西是用来送礼的——请问有谁买脑白金是自己喝的？显然大部分人都买来送礼去了。由于这句话被无数次地重复，所以让人这辈子想忘记它都很难。一定要相信重复的力量是无限的！重复、重复、再重复……杀伤力无限大！

还比如“劲酒虽好，可不要贪杯哦”，这句话一听就知道是为客户好——少喝一点，为了健康！让消费者感觉这是在为他们的健康着想。

这样的案例太多了，那么如何给自己的品牌想一个好的 SLOGAN 呢？

设计 SLOGAN 要从以下几点去考虑。

（1）简单、易懂、易读、易记。

（2）与你的产品有关。

（3）消费者能从你的 SLOGAN 中感觉到利益。

宣传口号绝对不是一句空话、套话，一定要结合自己的企业文化、消费者需求去认真思考总结，这句话一旦喊出来，就要让消费者马上觉得你能够解决他的一个核心需求或痛点。

还说卡贝的例子。卡贝官方旗舰店以前的 SLOGAN 是“卡贝·美好生活！”我看了以后思考：这句话想给消费者传达一个什么理念呢？或者说从这句话里，消费者能够感觉到这个品牌能带来什么好处吗？再或者说，这句话能够让消费者感觉卡贝的产品跟别人的产品有什么不一样吗？

显然都没有！

后来我发现卡贝的产品开发流程和开发创新能力非常强，产品的每个细节都是从消费者的使用体验出发，就用卡贝的一个系统产品——DIY 厨房挂件产品研发来做案例吧，如图 6-11 所示。

首先，列出需要研发的新品，也可能是需要微创新的产品。

然后，做竞品分析，可能会有近百页，分析竞争对手的销量占比、竞争对手的营销策略、竞争对手的评价，这样就会很清晰地知道自己的产品研发方向，以及哪些细节需要改进。

如图 6-11 左上角的刀架，竞争对手的产品评价中客户反映“砧板放在刀架前面，放了砧板，再放刀具就不方便了”，所以后期做了改进，将刀架设计在前方，更易拿取。虽然这只是一个细小的改进，但用户使用起来就会感受到更方便。

再比如锅盖架，原来下面有一个接水盘，由于锅盖放在锅盖架上时已经挨着墙了，接水盘不仅接不到锅盖上流下来的蒸汽水，反面会把墙弄脏，所以后来进行改进，把锅盖架边缘伸出来一些，这样不仅可以接住锅盖上流下来的水，而且也不会把墙弄脏。

我说的这些只是一小部分，还有很多案例。所有的产品开发的数据都很详细，我觉得卡贝的产品是真正更懂消费者的，所以后来我们决定把卡贝的 SLOGAN 换成“卡贝·只为更懂你！”

DIY 厨房挂件研发方向

第一部分·新品概述

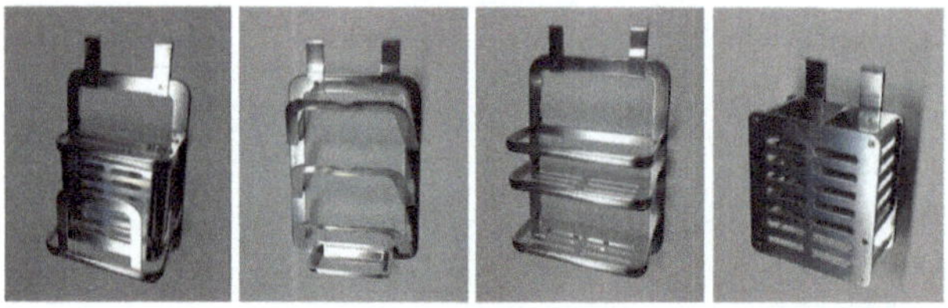

刀架　　锅盖架　　置物架　　筷子筒

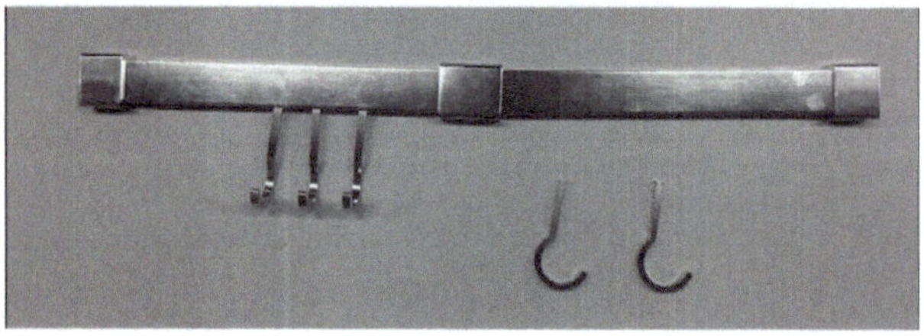

材质：太空铝　竞品：伊沐馨　　　　连接杆 挂钩

【评价分析】

筷笼中间增加隔板，勺子放进去会倒

先说那筷笼子，把筷子放进去，就东倒西歪，太宽了，中间没有一个隔板，勺子放进去也倒进去了，拿出来特费劲，太不实用了。

调料架下层有些矮，大部分瓶罐都装不下，只能放些小包装的东西~又些浪费了~筷子筒应该分两栏或者直接做窄一点，小勺子什么短一点的放进去会横滑过来，不好往外拿~其他挺好的~比较上档次

背面增加硅胶防滑垫，减少刺耳噪音

不错，只是边缘部分，希望再打磨光滑一些．如果挂的部分里面加层塑胶垫子防止滑动与磨损，避免了有响声这个弊端，会更好。

将刀架设计在前方，更易拿取

厨房瞬间高档起来，但是对那个刀架有点小意见，我放了一大一小两个板，然后然后就华丽丽的看不见刀具了，拿不出来，送不进去，希望卖家可以改良一下，前面刀具，后面放板，就好多了，还是很满意。。。

层高设计过矮，护栏过高

宝贝质量不错厚实，但是挂在厨房显得有些臃肿，因为厨房几个平方略显得小了。关键是杂物架不实用，每一层只能放三个瓶子，坑爹的是下层与上层间隔矮，并且每一层都有高高的护栏，所以很多瓶瓶罐罐都无法放在下层，就这样空置着下层！不晓得什么设置理念，与图片看到的空间间距差异太大，我还买了两个置物架，春节售后不上班，打算过完春节退掉一个置物架，超不实用！这套厨具适合厨房很宽敞的空间，小的厨房还是慎重考虑，供参考。

图 6-11　卡贝 DIY 厨房挂件产品研发分析（文件截图）

之后卡贝的每个视频的结尾都有“卡贝 • 只为更懂你”，每个详情页里都会不断地重复“卡贝 • 只为更懂你”，如图 6-12 所示。

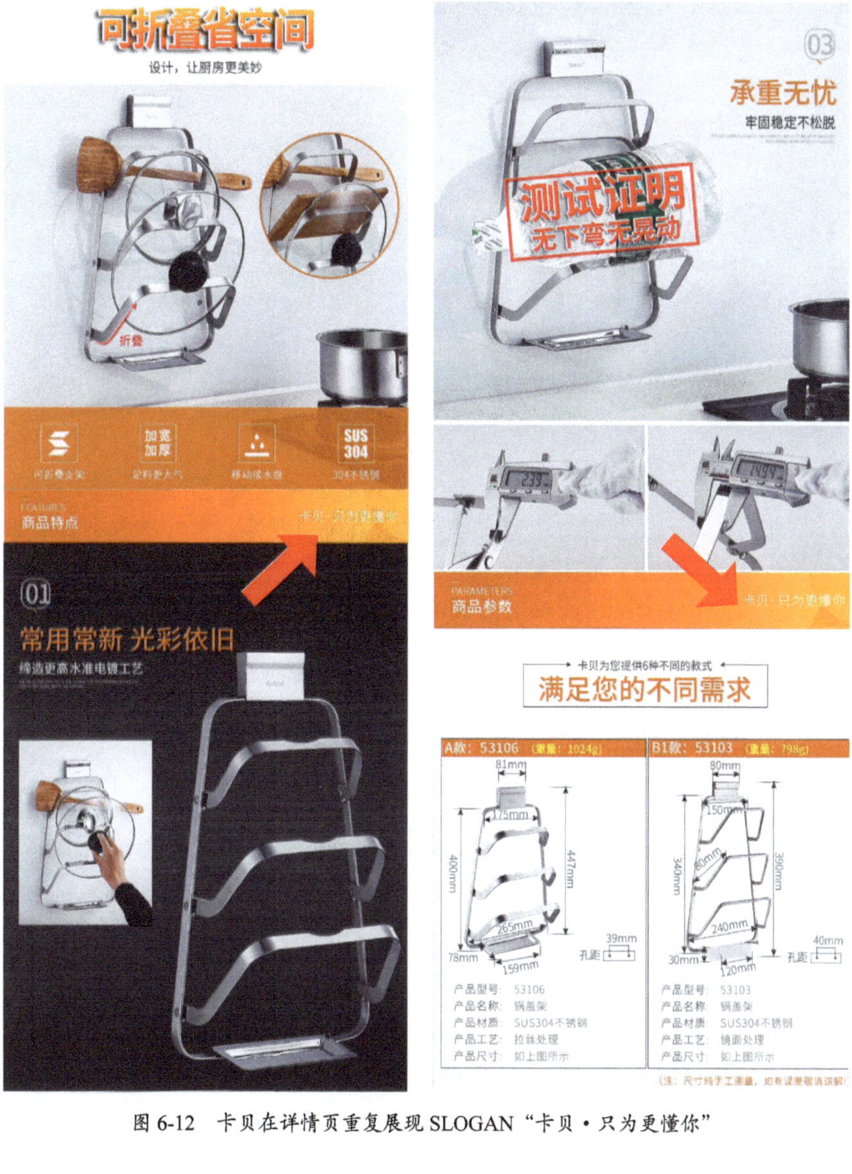

图 6-12　卡贝在详情页重复展现 SLOGAN“卡贝 • 只为更懂你”

“卡贝 • 只为更懂你”，也是卡贝的核心差异化，要不断地重复、强化，要深深地植入到消费者的心智里去。所以卡贝品牌视觉标准里定义，有 LOGO 的地方一般来说就会有

SLOGAN，如图 6-13 所示。

图 6-13　卡贝的 LOGO 与 SLOGAN 组合应用标准

后来，卡贝把这个“只为更懂你”延伸到企业文化与管理中。如果你是公司董事股东，你如何做到更懂合作伙伴？如果你是公司高管，你如何做到更懂员工？如果你是员工，你如何做到更懂消费者？一切“只为更懂你”的诠释都做成思维导图，如图 6-14 所示。

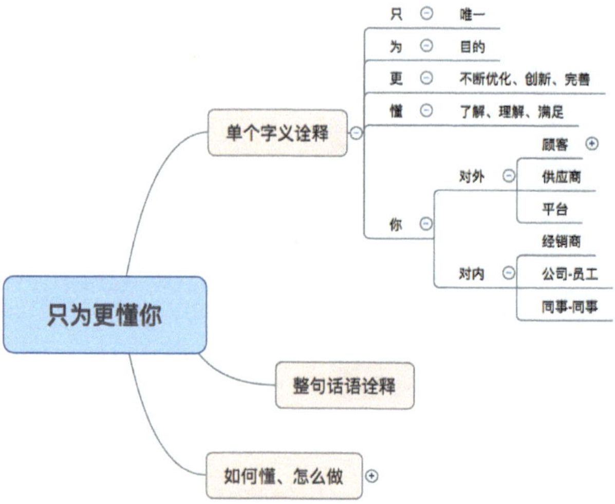

图 6-14　“只为更懂你”的诠释

所以一句好的 SLOGAN，一定是要融入企业文化的。

6.4 色彩

不同的色彩会给人不同的感觉，各行各业所使用的品牌色彩虽然五彩缤纷，但也有规律可循，如图 6-15 所示。

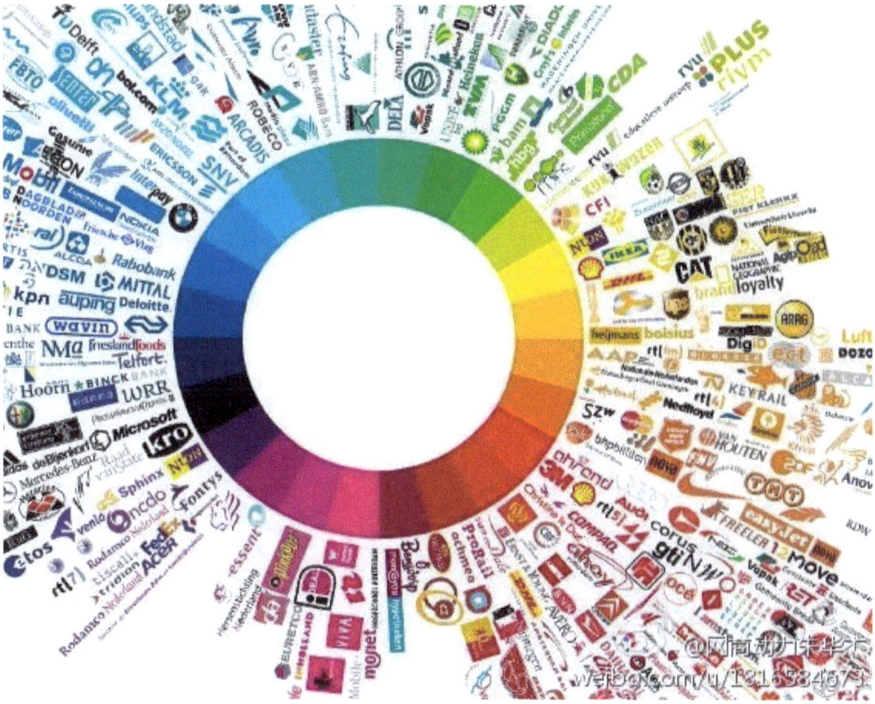

图 6-15　品牌与色彩

把握好各行业的基本倾向，并将其作为色彩选择的参照，就能更准确地体现行业的特点。比如快消品、时尚类的行业倾向于使用温暖、活泼的色彩；高科技、教育类商品一般倾向于使用冷色、中色系，因为比较有严肃权威的感觉。

色彩是品牌识别中的一个根本性元素，它能引发情感上的反馈并留下持久的印象。美国马里兰洛约拉大学的一项研究表明，适当的色彩运用可使品牌辨识度提升 80%，而品牌识别度与消费者的信任直接挂钩。

如果一个品牌总是惯用一种主色调，那么也会增加老客户的识别度。比如大家搜索“相宜本草”，在搜索列表中出现的产品包装、LOGO、标签等一直都是使用绿色，这无疑会增加客户的记忆度，如图 6-16 所示。

图 6-16 相宜本草的品牌色

而当客户搜索某一个品牌时，如果出现的页面上面的颜色杂乱无章，对于这个品牌，客户就会没有记忆度，如图 6-17 所示。

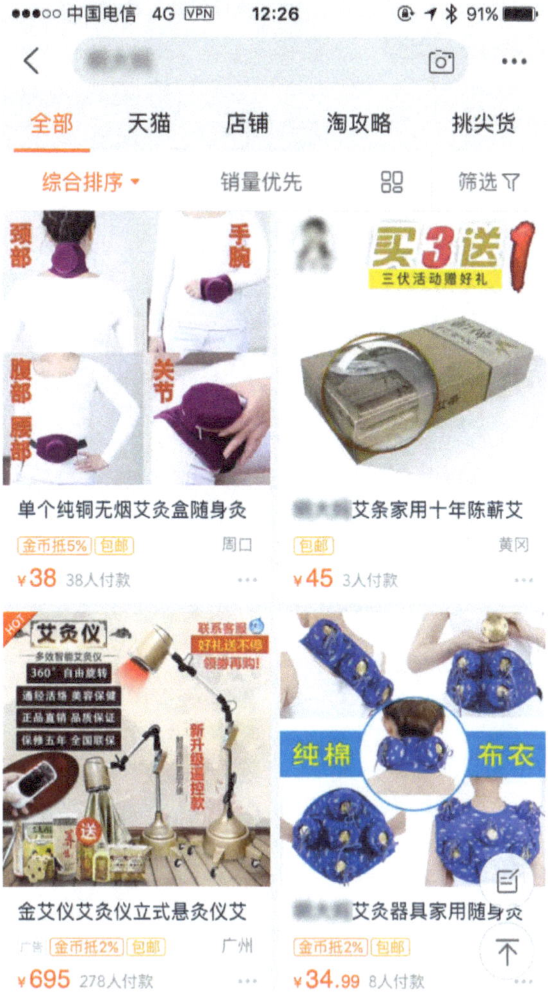

图 6-17 搜索某一个品牌时，出现的页面颜色杂乱无章

对于色彩的应用一般不应超过三种颜色，分为主色、辅助色、对比色。主色就是在每个页面都会出现的颜色；辅助色可以随着四季、促销的变化而变化；对比色就是在主色和辅助色上都很突出的颜色，用来突出和强调某一信息。如图 6-18 所示是德力西爱阁专卖店铺的用色规范以及错误用色案例。

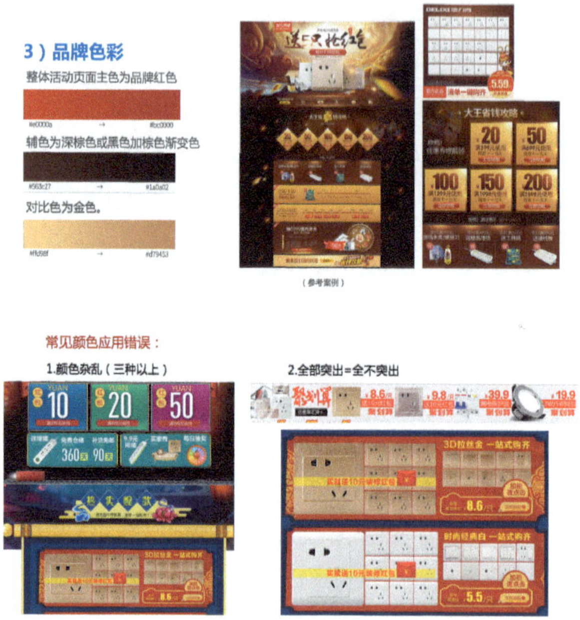

图 6-18 德力西爱阁专卖店铺的用色规范以及错误用色案例

用色标准方面，也可以学习一下韩都衣舍，如图 6-19 所示。

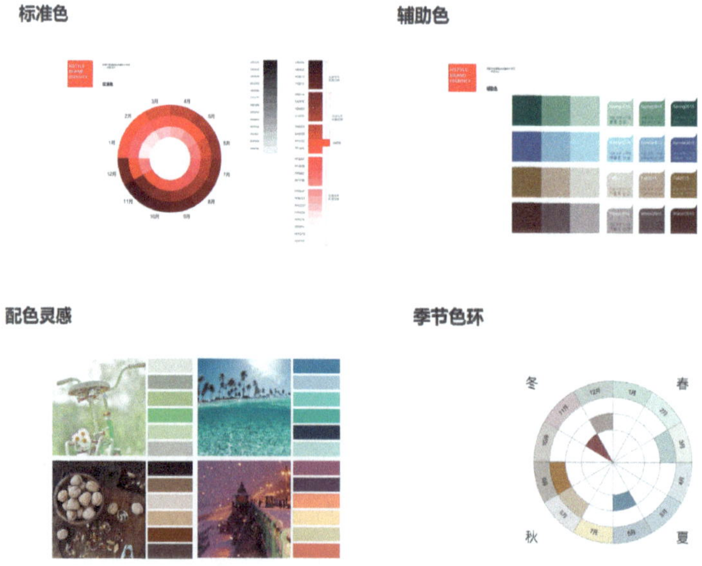

图 6-19 韩都衣舍的用色规范

图 6-19　韩都衣舍的用色规范（续）

韩都衣舍把一年四季的颜色都做出了标准，每个月的辅助色都会有所变化，但主色是统一的。主色是红色，只会有饱和度的变化，LOGO、品牌标签都会用主色。

每个品牌都应该建立自己的颜色库，由设计总监把控好方向，不要让美工毫无边际地随便乱用颜色。

只有大促的时候可以牺牲品牌色，多用天猫淘宝的官方活动品牌色，比如“双 11”、聚划算时用红、黄、白的颜色搭配会很多，如图 6-20 所示。

图 6-20　大促的时候可以牺牲品牌色

品牌色的选择需要根据行业目标客户来确定，比如一个主打母婴产品的店铺和一个主打儿童产品的店铺，两方用色会一样吗？答案是肯定不一样。

主打母婴产品的店铺的目标客户主要是年轻的妈妈，这种产品适合用亲和温馨的色调，因为这个时候的妈妈为了抚育婴儿，睡眠肯定不足，也会影响到心情，所以这个时候用色，不适合用大红大紫的强烈对比的色彩。主打儿童产品的店铺的目标客户主要是儿童，一般父母给儿童买东西时都会问一下孩子的意见，儿童就喜欢活泼的颜色，所以需要用强对比的颜色来激发他们的好感。

再比如，如果给医疗类目的店铺使用黑色系肯定不好，这样会给人感觉这是一家黑心医疗店铺。如果用红色也不好，虽然红色代表热情奔放，但同时也代表血光，肯定不适合医疗行业。

这里不是说黑色和红色不好，相反，黑色和红色的应用范围很广，因为它们能和很多颜色形成鲜明的对比，只要用对地方和行业。

所以要用好色彩，就要先分析行业，再重点分析一下目标客户！

6.5 字体、字号

品牌的字体也需要统一。个性鲜明的字体和色彩一样可以增加客户对品牌的识别度。如花笙记、御泥坊等品牌的字体都给人留下了深刻的印象，如图 6-21 所示。

图 6-21 花笙记和御泥坊的品牌字体

字体选择应该适合品牌的调性和目标人群的审美特征。

6.5.1 男性化字体

字，就跟人的性格一样。比如我们突然看到一篇字迹柔美、清新淡雅、隽永纤细的文字，我们下意识会觉得这字的主人应该是个清秀甜美的年轻妹子；而当我们看到一篇文字强健有力，棱角分明，甚至还有些不规则感，我们下意识会觉得这字的主人应该是个长相粗犷、胡子拉碴、偶尔还健身的中年猛男子。

我们要根据我们的目标客户人群，选择他们喜欢的字体。

比如，我们印象中的硬汉男性是长什么样的？

想一想，他们是不是都有着粗而硬直的眉毛、大而笔挺的鼻梁、棱角分明的脸部轮廓，有的甚至有一些刀刻般硬朗的皱纹？

只要具备粗犷、坚硬、强劲有力、拐角分明、力量感等图形特征的文字就是男性化的文字，如图 6-22 所示。

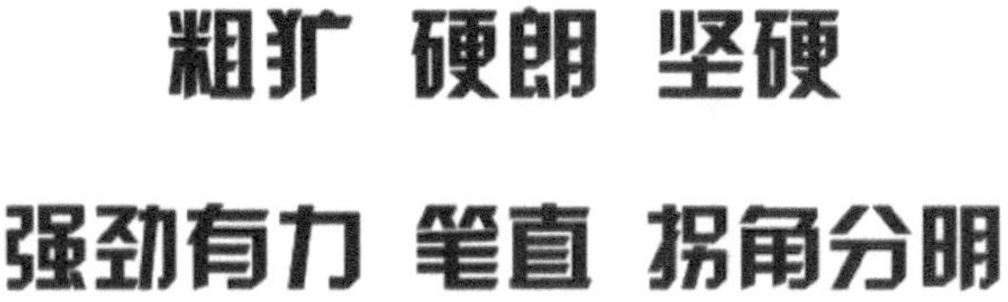

图 6-22 男性化文字所具备的特征

下面推荐的这些字体，实际上都具备我所提到这些图形特征。它们都是男性属性的字体，如图 6-23 所示。

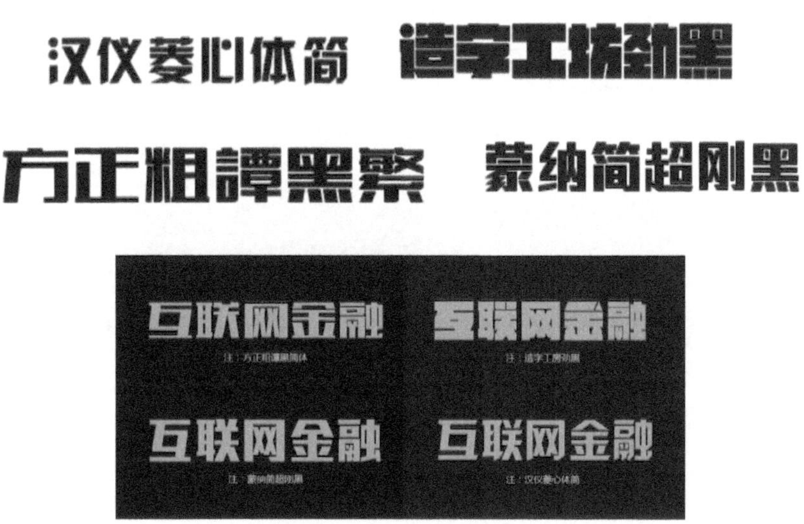

图 6-23 男性化的字体

当然男性化的字体远不止推荐的这几款，这几款只是我自己平时觉得比较好看，使用比较多的。还有很多具有我提到的这些图形特征的字体也是属于男性化的，大家可以自己举一反三，进行使用。

现在大家知道了什么类型的字体是男性化的字体。那么它们应该如何使用呢？

男性化的字体会大量使用在以男性为主流从业人群或者以男性为主要消费群体的产品的视觉设计中，这样会使得整个设计的男性化气息更加浓烈，起到“一加一大于二”的效果。比如足球是一项以男性为主的体育运动，2014 年在巴西举办的世界杯上，所有关于世界杯的设计，基本都是这种男性风格的字体，如图 6-24 所示。

图 6-24　各种关于 2014 年巴西足球世界杯的宣传页面

除了足球这项运动，其实大部分的体育运动都会给人很激烈、雄性竞争性很强的男性化感觉，所以在大部分的体育类视觉设计中都会大量使用男性化字体，如图 6-25 所示。

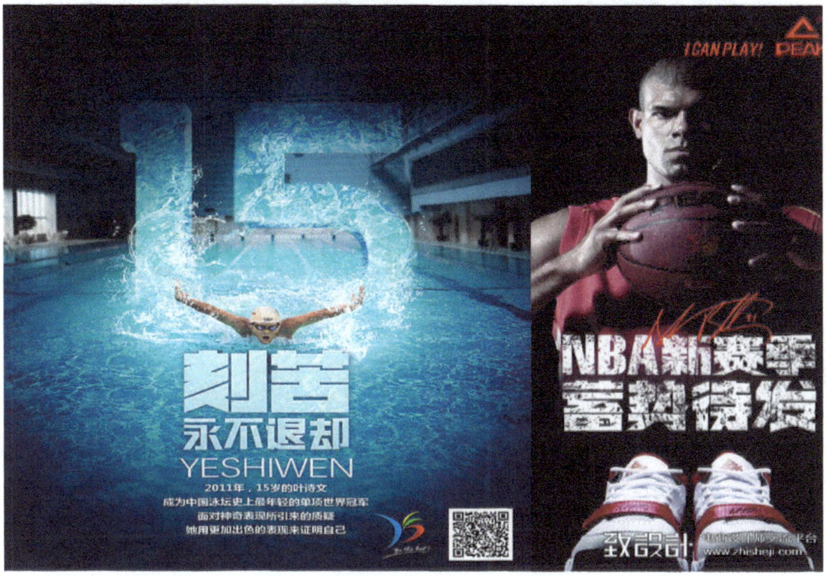

图 6-25 大部分的体育类视觉设计中都会大量使用男性化字体

所以只要是男性化属性非常强，或者是以男性为主流消费群体的视觉设计中，都可以广泛地使用男性化字体。比如竞技类游戏、PK 类游戏、摇滚、男性用品等，如图 6-26 所示。

图 6-26 男性化字体应用场景

图 6-26　男性化字体应用场景（续）

还有，营销类的设计中也会大量使用这种类型的字体，因为营销类通常需要给用户传递非常亢奋而激烈的情绪，这种情绪具备很强的男性化属性，因为大部分的雄性特征都是激烈、冲动且亢奋的，所以在激烈的促销和抢购等活动的视觉设计中，这种字体被普遍使用，如图 6-27 所示。

图 6-27　营销类的设计中也会大量使用男性化字体

最后用一张图表来简单总结一下关于男性化字体的使用知识，如图 6-28 所示。

图 6-28 关于男性化字体的使用知识

6.5.2 女性化字体

我们印象中的长相甜美漂亮的女性是什么样的？

关于女性化字体的分析，其实与分析男性化字体的方法如出一辙。女性化字体与女性一样，其外形特征具有纤细、柔软、细而宛转、苗条、曲线美等一些共性，如图 6-29 所示。

图 6-29 女性化字体的外形特征

下面的几款字体，很容易让我们联系到女性的外貌特征，如图 6-30 所示。

图 6-30 常用女性化字体

在使用范围上，只要是以女性为主的相关视觉设计，都会大量使用女性化字体。比如下图的女性杂志《LADY》的 LOGO，使用的就是很典型的女性化字体，如图 6-31 所示。

图 6-31 女性杂志所使用的字体

只要是女性化属性非常强，或者是以女性为主流消费群体的视觉设计，都可以广泛使用这种属性的字体，比如爱情类、鲜花类、珠宝配饰类、女性用品、护肤品、化妆品等，如图 6-32 所示。

图 6-32　女性化字体的应用场景

6.5.3　儿童化字体

我们再来看看儿童的外形特征，不管男童还是女童在长大之前，长相其实都差不多。儿童的基本特征可以概括为：圆乎乎、可爱、还是圆、有趣、肉嘟嘟，如图 6-33 所示。

圆乎乎 可爱 还是圆
有趣 肉嘟嘟

图 6-33　儿童的基本特征概括

下面的几款字体跟我们提到的这些关键字类似，容易让我们联想到儿童的外形特征，如图 6-34 所示。

图 6-34 常用儿童化字体

所以有着这些特征的字体会被大量应用到跟儿童相关的视觉设计当中，比如趣味游戏、休闲游戏、婴幼产品、游乐园、零食、玩具等，如图 6-35 所示。

图 6-35 跟儿童相关的视觉设计

6.5.4 中性化字体

下面我们来讨论一个比较刺激的话题，偏中性的人的长相特征是怎么样的？

大家会发现，让我们觉得中性的长相，其实是兼具了男性和女性的部分相貌特征，但是并没有哪一个性别相貌特征更明显（如果明显就不是中性了），他们属于中间的那个层次。用形容词总结一下，大致是这样的：干净、简洁、中性美、精致、平静，如图 6-36 所示。

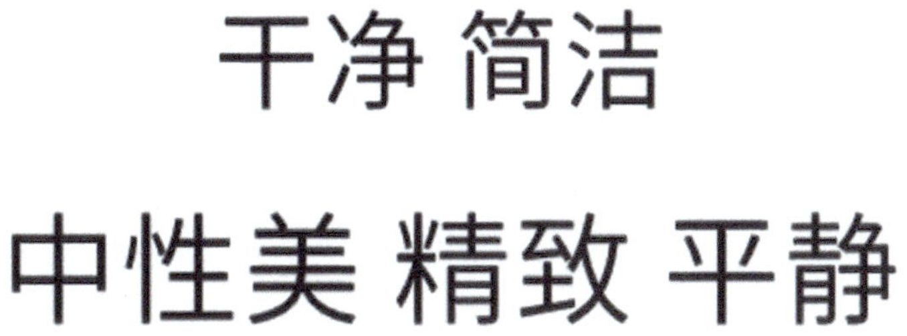

图 6-36 偏中性的长相特征总结

下面的这几种文字，具备这种中性的特征，如图 6-37 所示。

图 6-37 偏中性常用字体

所以这种类型的字体，非常适合使用在性别属性并不强、并不需要很强烈的情感特征、偏中立的一些视觉设计上面，比如产品说明、平台、科技、手机、电脑等，如图 6-38 所示。

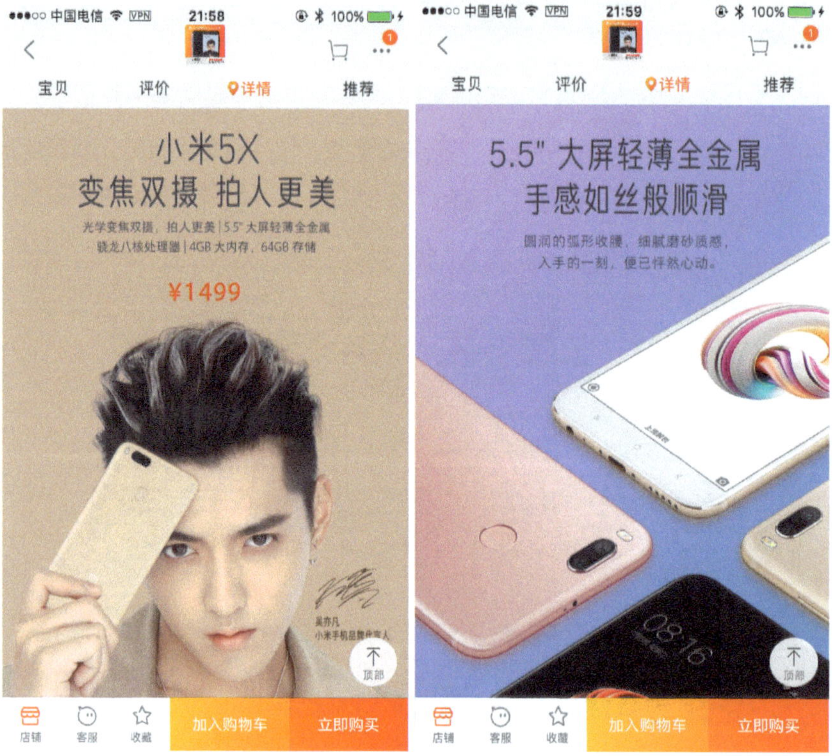

图 6-38 偏中性字体的应用场景

6.5.5 其他字体

除了上面我们提到的这些字体以外，其实还有很多字体并不容易区分性别属性，比如民族风、古建筑等视觉，带有文化属性的特征，那么我们就应该使用那些迎合相关文化属性背景的字体，比如古风、中国文化、民族风、儒家、道家、佛家、天道酬勤等关键词，大家第一印象是不是肯定是毛笔字体呢？如图 6-39 所示。

图 6-39 毛笔字体

做品牌，就要高度还原消费者心中真实的场景，字体也是一个非常重要的元素。做得好的案例，就是花笙记的字体，给人留下了强烈的中国风的文化印象！

6.5.6 品牌字体规范

如果品牌字体使用错误，会给人感觉特别不舒服，比如用一个女性化字体（如方正兰亭超细黑简体）来表达“硬汉”，或者用一个男性化字体（如启笛体）来表达“淑女”，都会让人觉得很别扭。如图 6-40 所示。

图 6-40 使用正确与使用错误的字体对比

这种感觉就好像是你低着头小声说：“我很开心！”这种感觉很别扭，不信大家可以试试。

品牌的字体一般不超过 3 种，通常需要制定并遵守的字体使用规范有以下几点。

（1）活动促销字体、海报字体可以自由发挥，一般需要使用粗体字，有视觉冲击力。

（2）常规字体，建议统一使用某一系列字体，相同类型的文字采用相同的字体。常规字体应用范围有分类导航、主标题、副标题字体、详情页正文字体等。

（3）英文字体。

（4）价格字体。

（5）禁用字体。

举例如图 6-41 所示。

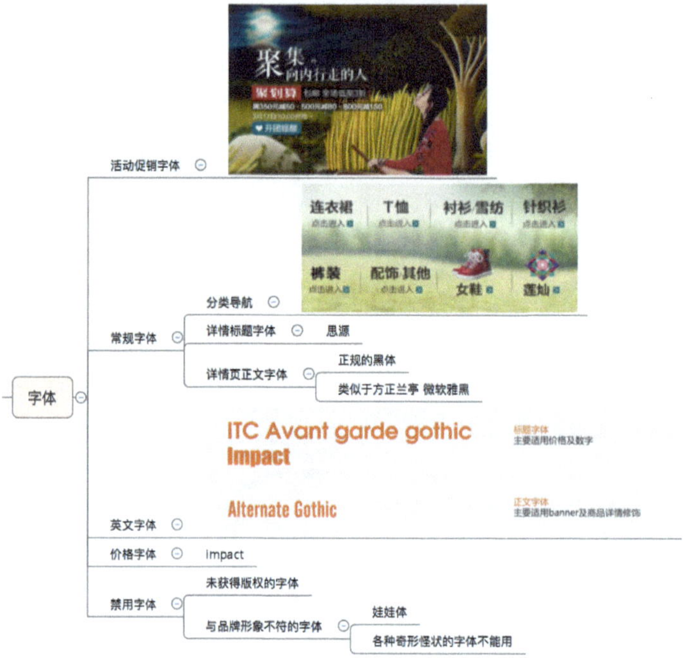

图 6-41　需要制定规范的字体标准

德力西爱阁专卖店的品牌字体规范，如图 6-42 所示。

品牌字体规范

海报字体不限

主标题字体：思源黑体 CN Bold

副标题字体：思源黑体 CN Bold

正文字体：思源黑体 CN Normal

价格字体：Impact

禁用字体：卡通字体

文字排版：

中文字间距：-25~-60px；

英文字间距：0px

图 6-42　德力西爱阁专卖店的品牌字体规范

因为这家店铺是销售开关插座的，男女消费者各占一半，所以字体选择偏中性的思源黑体。思源黑体是开源免费的字体，不用授权就可以使用，它和方正兰亭黑体非常相似。实际应用效果如图 6-43 所示。

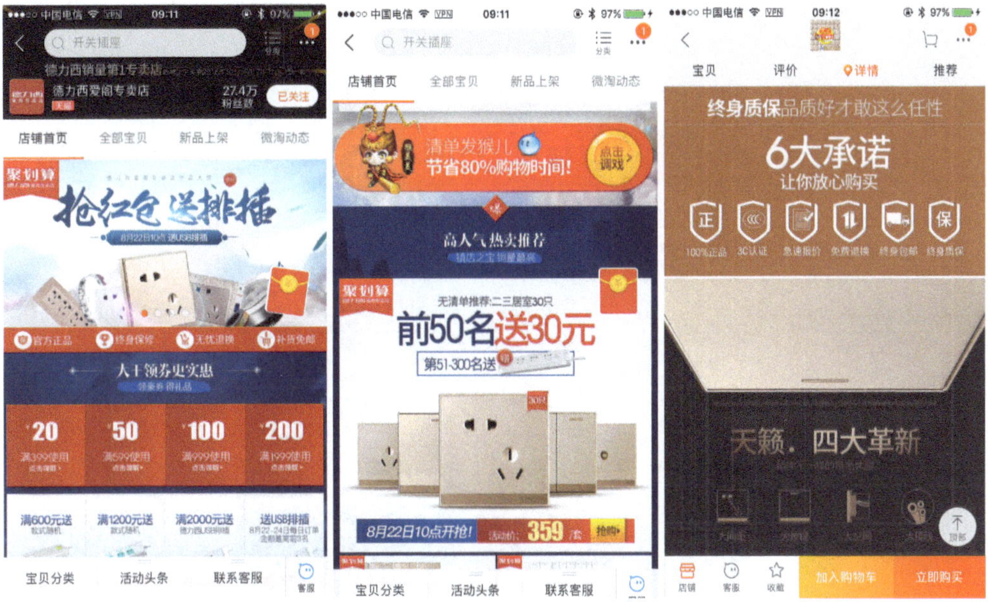

图 6-43　思源黑体使用效果

字体使用统一标准以后，整个视觉设计看起来就会有很强的品牌感，消费者视觉体验会更舒服，此时信任感也就自然加强了。

6.5.7　禁用字体

从 2016 年开始，方正兰亭、微软雅黑系列字体未经授权不能用于商业用途，否则相关宝贝将会被天猫、淘宝下架，还有可能面临起诉和罚款，所以很多商家选择了和方正兰亭、微软雅黑相近且开源免费的字体，如思源字体。

同时，阿里巴巴已经取得华康字型的 45 款简体字体的全媒体广告授权，商家可以在阿里巴巴集团旗下平台上使用这些字体。

具体授权字体可以通过该网址进行查询：

https://service.tmall.com/support/tmall/knowledge-13481414.htm

6.5.8 无线端字号规范

在无线端特别要注意字号的应用。字号太小就会导致阅读上的困难，很多商家直接把 PC 端的详情页内容粗暴缩小后使用在无线端上，这样就会让顾客在手机上看得很不舒服，如图 6-44 所示。这个详情页中的很多文字由于字号太小，基本是看不清的。

图 6-44 无线端视觉设计的字号太小

淘宝店铺 PC 端详情页宽度是 750px，天猫店铺 PC 端详情页宽度是 790px，无线端详情页的宽度最宽可以做到 1242px，这样图片会更清晰，但同时加载速度可能会变慢。

无线端详情页的宽度可以和 PC 端同步，此时对最小字号应有一个规范。宽度为 790px 时，最小字号不要小于 20px，宽度为 750px 时，最小字号不要小于 18px。如图 6-45 所示。

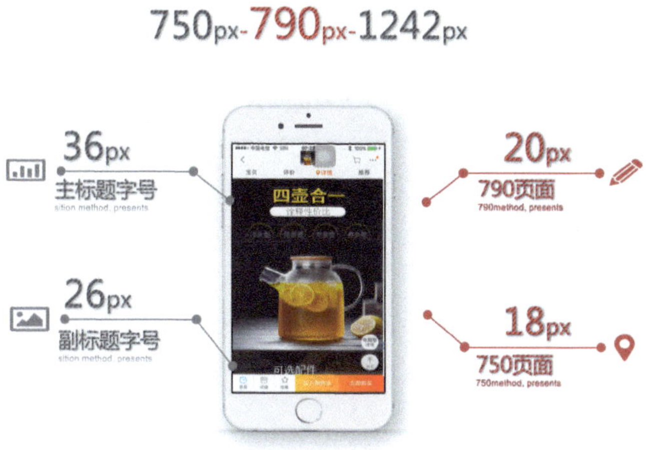

图 6-45　无线端使用的最小字号

无线端首页促销海报分为官方模块和设计师模块两种，其宽度尺寸分别是 608px 和 640px。对于官方模块的促销海报，我给的建议是主标题一般不要低于 48px，副标题不要小于 26 px，如果低于 48px 和 26px 的字号，就已经不具备成为广告标题的作用，因为文字已经小到不能聚焦，没有价值，如图 6-46 所示。

图 6-46　官方模块的字号规范

设计师模块的促销海报主标题字号一般不小于 50px，副标题字号不小于 30px，最小字号不小于 18px，如图 6-47 所示。

图 6-47　设计师模块的字号规范

页面里面最小的字号是不能小于 18 px 的。当字号小于 18 px 时，消费者用 4.0 英寸的手机是看不见的，不利于阅读。

不论是 640 px，还是 608 px，都是一样的道理。这两者之间最大的区别是 640 px 是没有白边。所以从 PC 端移植详情页时，所有字号一定需要放大，最小字号是 18px。

再来看看手机淘宝官方广告字号，分类描述字号是 22px，导航标题字号是 22px，分类字号是 26px，广告标题字号是 60px，最小字号是 18px，价格字号 30px，如图 6-48 所示。

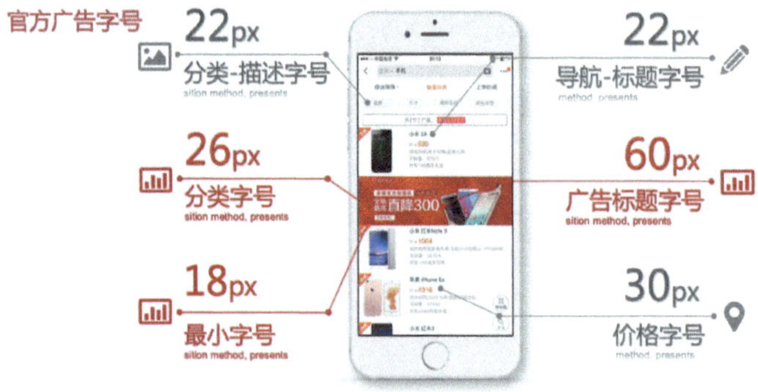

图 6-48　手机淘宝官方广告的字号

官方的字号一定是经过科学的论证后确定下来的，作为商家如果没有更好的标准，就完全模仿官方的字号也是一条出路。

总而言之，为什么别人的店铺文字看起来总是很舒服，就是因为他们遵循了视觉 UED（视觉用户体验）的最基本的规律和标准！

6.6 品牌活体

品牌活体就是可以代表自己品牌形象的人或物，也可以是一个或多个卡通形象。品牌活体应该有自己的性别、年龄、性格特征、文化属性等定义，最好是一个比较鲜活的个体，让消费者有很强的识别性。比如脑白金的那一对总在笑呵呵地跳舞的老头老太太、三只松鼠的那三只可爱的小松鼠、天猫的猫、京东的狗等，都代表了各自品牌的品牌活体，如图 6-49 所示。

图 6-49 脑白金、三只松鼠、京东、天猫的品牌活体

品牌活体不是简简单单的一个卡通形象，它应该承载着一个企业的文化，比如三只松鼠公司的每个员工的花名都以鼠开头，如鼠老爹、鼠小贱、鼠小情、鼠小儿等。松鼠给人感觉是活泼、可爱、亲切、勤劳、爱吃坚果，每个客服都把自己假定为消费者养的一只小宠物，称呼每位消费者都是“主人”，所以后来有人在派代网上写过一篇文章，其中评价道：“‘亲’是淘宝的，‘主人’是三只松鼠的。”

为什么叫“主人”呢，因为会让被称为主人的人获得一种满足感。

刚开始松鼠老爹（三只松鼠公司的 CEO 章燎原）让客服这么叫的时候，他们都很尴尬，叫不出口。松鼠老爹便以身作则，成为三只松鼠史上的第一位客服：鼠小儿。一个三十多岁的男人坐在网线的这一头，撒娇地喊着“主人”，有一些消费者觉得好玩，也有一些表示肉麻、不能理解甚至要求客服不要这么喊，但客服都只统一回复一句话：“因为我是松鼠呀！”后来慢慢地，所有的消费者都习惯了。

把自己当成一只真正的松鼠，是松鼠老爹对每一位客服的基本要求，要以一个松鼠宠物的身份与消费者对话，可以“撒娇卖萌聊心事”，甚至可以谈恋爱。单纯地以聊天的方式对话，让用户觉得爽，他们才会发自内心地想去购买产品。更为重要的是，这一做法在潜移默化中成就了三只松鼠的主人文化。

三只松鼠公司还在整个销售过程中，将售前、售后分开，并根据客服的性格和喜好分为“重口味组”“小清新组”等，按照消费者的聊天风格进行再分配，个性服务客人，如图 6-50 所示。

图 6-50　三只松鼠的客服

除此之外，松鼠老爹还赋予了每一位客服权力，让他们在消费者面前可以打包票：“有任何不满意，无条件退货，哪怕你购买的产品已经吃得只剩下最后一颗坚果。”

松鼠老爹想要做的是让全国人民在购买坚果的时候就会想到三只松鼠，在听到“主人”的时候也会想到三只松鼠。

三只松鼠还把自己的品牌活体做成了旺旺表情包，这样一来消费者在和客服聊天的时候就会感觉更有意思、记忆更深刻、体验更好。如图 6-51 所示。

图 6-51　三只松鼠的品牌活体表情包

所以，当一个品牌有了品牌活体，企业文化就有了载体，可以衍生出很多内容。比如三只松鼠作为主人的宠物，应该具备什么品质？是不是应该诚实守信、乖巧可爱？这些品质可以用在同事与同事、公司与供应商、客服与消费者之间，大家都应该这样以诚代人。这样的企业文化可以影响到所有与这个品牌打交道的人，这就是一种正能量的传递。

客服在这种企业文化支撑下也不只是单纯性卖产品，更是品牌建立者。消费者的感受是：来三只松鼠的店铺里不只是买产品，更重要的是，在这里买到开心、好玩儿、尊重！

一个来自长沙的学员，他的店铺叫“公牛慧电专卖店”，销售公牛开关插座，在学习我的这套思维以后，给自己的店铺找了几个品牌活体，果然在短短 3 个月之内，就从 0 做到类目的前三名。

他们引入了西游文化，把牛魔王及其身边的小妖角色分别用在消费者和客服身上。每个进店的消费者都是牛魔王，接待他们的客服，个个都是侍候牛魔王的小妖，比如红孩儿、玉面公主、铁扇公主等，如图 6-52 所示。

图 6-52 公牛慧电专卖店的品牌活体

外部客户的视觉体验设计都必须围绕西游文化进行，如图 6-53 所示。

图 6-53 公牛慧电专卖店外部客户视觉体验

客服作为牛魔王身边的小妖角色，都已定好和牛魔王沟通的称呼、语气，以及撒娇卖萌的方式。比如玉兔公主和铁扇公主都称消费者为“大王”，红孩儿则称呼消费者“父王”，如图 6-54 所示。

图 6-54 公牛慧电专卖店外部客户购物体验（截图）

客服与消费者的交流经常产生趣味性的交互场景，比如以下谈话。

玉兔公主开场：“大王，单纯又风情万种的玉兔公主欢迎您回宫哦。稍等哦。”

消费者：“那嫁给我吧。”

……

玉兔公主：“大王，您真的要兔兔吗？”

消费者：“兔子很乖的话，可以接收！”

玉兔公主：“大王，你是不是在逗兔兔呢？兔兔很容易相信别人的哦。”

……

消费者：“我就喜欢你了，那就拍了。”

玉兔公主：“大王，您先拍了再谈喜欢兔兔好不好？”

上面的客服沟通案例，大家能从中学到什么？

借用某种角色，让消费者购物时代入一种让他们开心愉悦的场景，此时成交就会变得轻松自然多了，这是一种心理学的应用。

戏剧表演中有一个词叫“假定性”，是指在戏剧中约定俗成的以假作真的一种艺术表现方式。就现在看来，公牛慧电专卖店消费者与小妖们之间已经形成了一种约定俗成的假定性。三只松鼠也用到了这一招。

当店铺有了品牌活体时，这种“假定性”就可以很容易吸引人。

再看看公牛慧电专卖店消费者对客服的认可表扬，如图 6-55 所示，可以看出每个客服都是在认真用心做服务。客户发自内心写出作文型的评价，作为客服也是一种骄傲，也是非常开心的。

图 6-55 公牛慧电专卖店外部客户对客服的认可表扬（截图）

现在很多品类里的大品牌店铺都还没有品牌活体这个思维，所以大家赶紧看看自己所在的品类，如果还没有品牌活体，就赶紧做吧。这样可以从根本上做出自身品牌的差异化，而且竞争对手无法模仿。

当你有了品牌活体后，消费者在搜索页面时就能够快速识别这是你家的产品。比如当消费者搜索“混合坚果仁”时，如图 6-56 所示，能够快速知道右边两个产品是三只松鼠的，但左边两个却不认识，因为它们没有强烈的记忆符号——品牌活体。

图 6-56 有品牌活体的三只松鼠能够被消费者快速识别

淘品牌中有品牌活体的店铺还有楼兰密语、良品铺子、周黑鸭等，如图 6-57 所示。

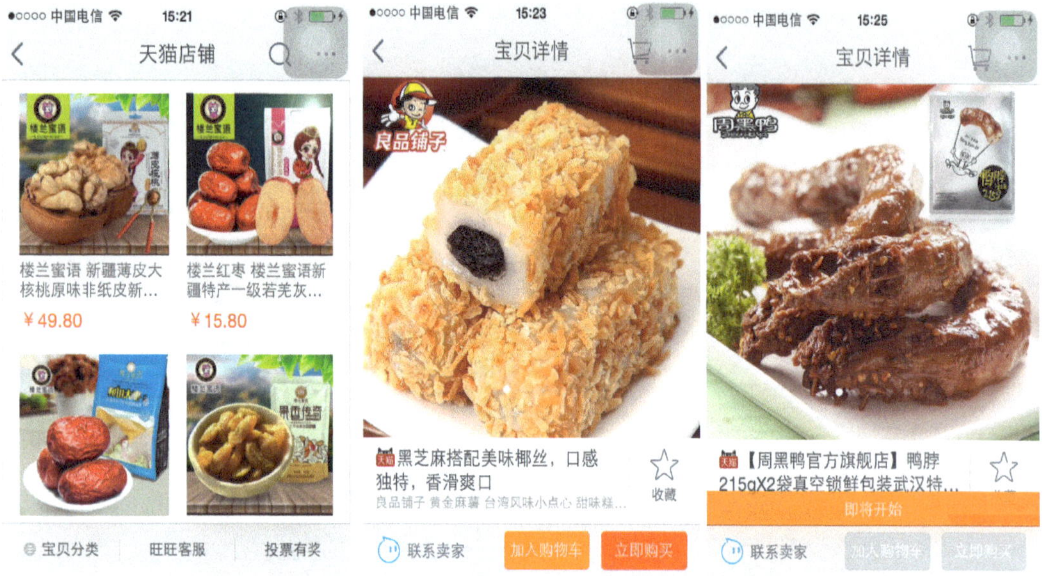

图 6-57　楼兰密语、良品铺子、周黑鸭的品牌活体

不过这几个品牌的品牌活体没有三只松鼠的文化氛围浓厚，给消费者的感觉就只是一个识别标志而已，所以还需要再深挖！

总结一下，当品牌有了品牌活体，视觉就有了方向，企业文化就有了载体，客服的话术也有了指导。品牌活体可以用在主图、包装、详情页、促销图、旺旺表情等所有出现品牌的地方。

6.7　品牌标签

统一的品牌标签能够提升客户对品牌的识别度，降低传播成本，同时也能提高美工的工作效率。如图 6-58 所示为裂帛的品牌标签，从中可以看出裂帛有以下几种统一标签。

（1）统一的活动标签：女王节、新（品）、爆（款）、聚（划算）的标签是都是统一的。

（2）统一的价格标签：所有产品的价格标签的形状、字体、颜色、大小都是统一的。

（3）统一的背景标签：主体背景素材统一，给人感觉整个页面的风格是统一的。

当这些品牌标签都统一后，消费者可以快速地从页面中找到规律，阅读也会更快捷，关键是美工绘图不用多考虑，直接按标准做就可以了，工作效率将会获得很大程度的提高。

品牌标签包含以下内容：①官方活动标签；②店铺活动标签；③价格标签；④数量标签；⑤优惠券标签；⑥背景标签；⑦热卖、新品、爆款标签。

图 6-58　裂帛的品牌标签

6.7.1　官方活动标签

比如在“双 11”、聚划算、“618 年中大促”时，就应该结合官方和自己品牌，重新设计统一的标签，如图 6-59 所示。

（标准形式）　（参考案例）

图 6-59　官方活动标签（截图）

6.7.2 店铺活动标签

1. 主图

主图是第一营销视觉，上面应该放的标签有：品牌 LOGO、品牌活体、促销标签等，如图 6-60 所示。

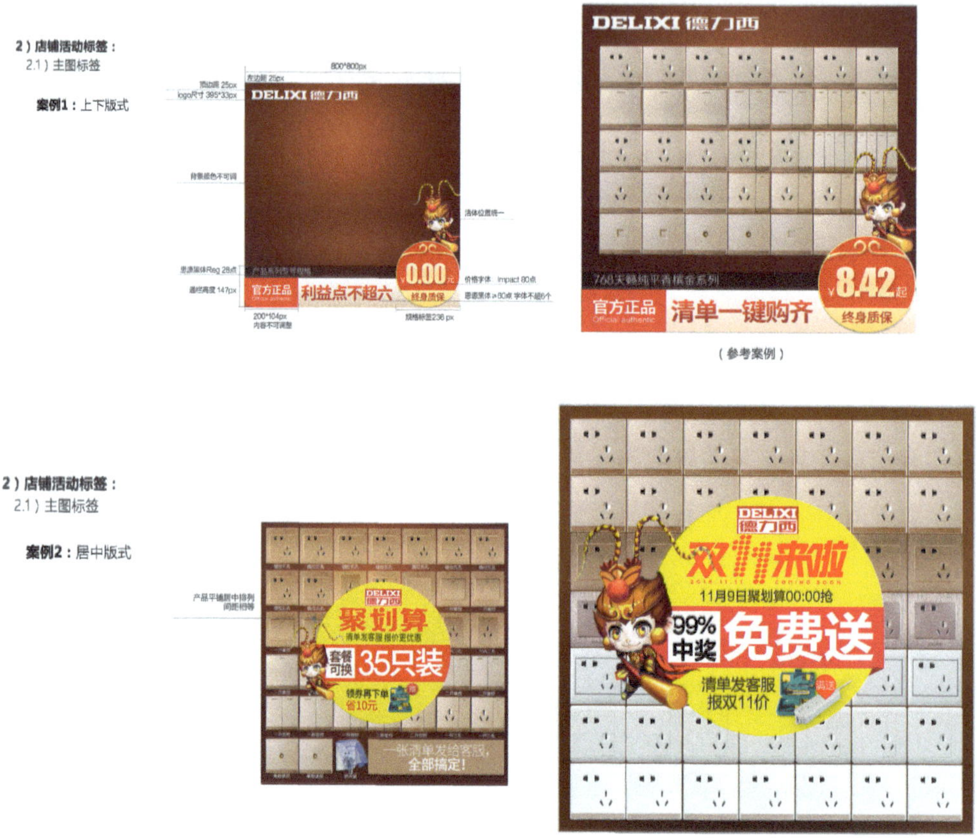

图 6-60 主图上的标签（截图）

如果是参加聚划算、“双 11”等官方大型促销活动，则还是应该放官方活动标签。

2. 促销海报

促销海报上需要有的统一标签有：互动按钮、满减、满赠标签等，如图 6-61 所示。

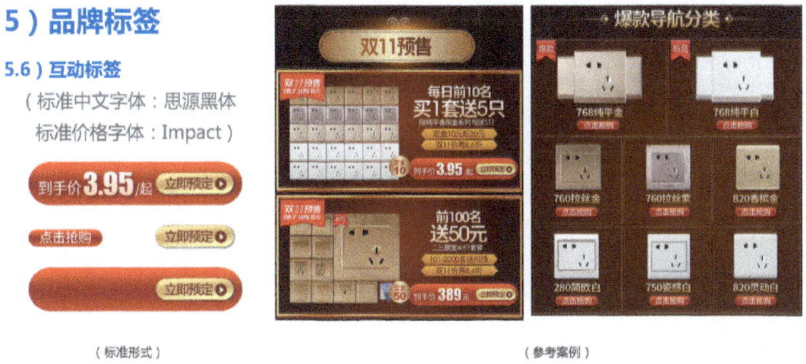

图 6-61　促销海报上需要统一的标签（截图）

6.7.3　价格标签

价格标签样式和特点，如图 6-62 所示。

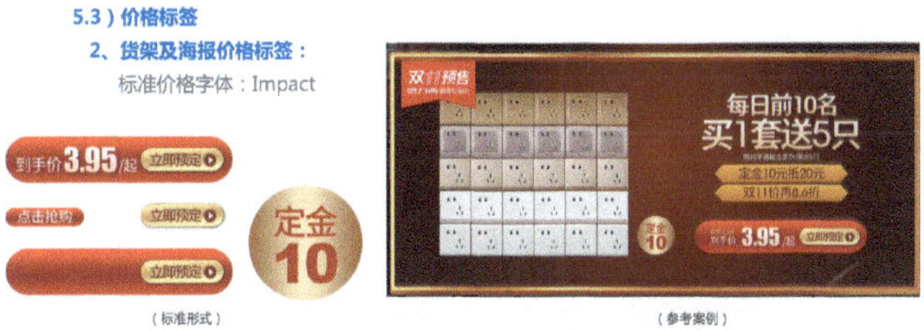

图 6-62　价格标签（截图）

6.7.4　数量标签

数量标签的特点，如图 6-63 所示。

图 6-63　数量标签（截图）

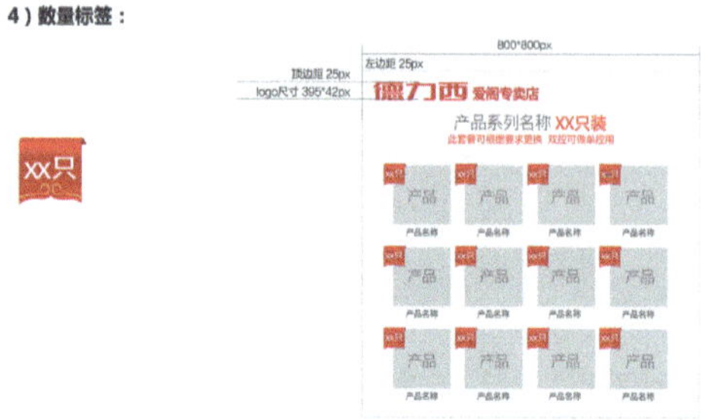

图 6-63 数量标签（截图）（续）

6.7.5 优惠券标签

优惠券标签的特点，如图 6-64 所示。

图 6-64 优惠券标签（截图）

6.7.6 背景标签

背景标签的特点，如图 6-65 所示。

图 6-65 背景标签（截图）

6.7.7 热卖、新品、爆款标签

热卖、新品、爆款标签，如图 6-66 所示。

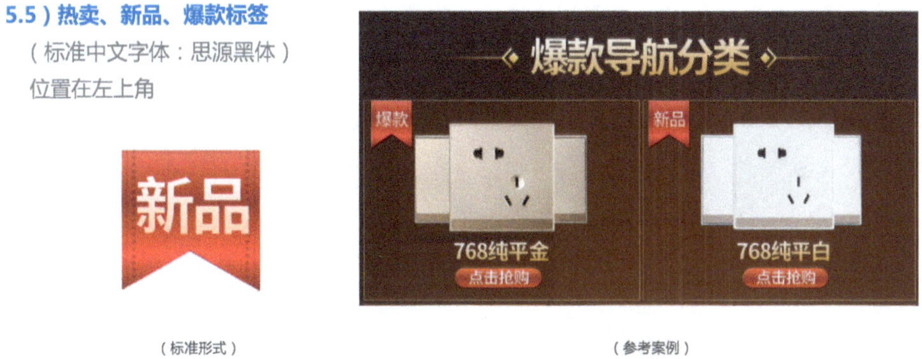

图 6-66 热卖、新品、爆款标签（截图）

以上通过举例，比较完整地列出了一个标类店铺应该统一的品牌标签种类。其他类目的标签也是大同小异，大家可以看看自己的店铺有哪些标签做了统一规范？

6.8 品牌摄影

6.8.1 统一摄影风格可以增加老客户的记忆点

品牌摄影是品牌视觉里非常重要的一个环节。

俗话说："巧妇难为无米之炊。"如果没有好的图片，美工是不可能有好的作品的。如果你的视觉做得不好，请不要怪美工，主要的原因还是老板没有想清楚到底自己想要什么，所以视觉一直没有方向。

试想一下，跟着一个方向不明确的人走路，是累还是不累呢？由于老板的方向不明确，所以美工的大量工作都浪费在修图上，因为他们每做一稿，老板都有可能感觉不好——至于哪里感觉不好，老板也说不出来，因为没有方向！

品牌摄影一定要让消费者马上产生一种强烈的共鸣，给他们一种很强的代入感，让他们感觉这是一家有文化底蕴的品牌——这就是消费者所想象的风格，他们未来的生活场景，也就是模特现在的场景。类似于花笙记、茵曼、裂帛、三只松鼠等，他们的品牌摄影给人感觉就是有文化底蕴的。

当消费者看到这样有文化底蕴的店铺，他们的第一感觉不是店铺的美工有多么优秀，而感觉这家店铺的老板是有文化的，而且老板所追求的和消费者想要的是一致的，老板是懂消费者的，和消费者有很多共同语言。当一个店铺的品牌摄影能够给准客户们传达出这种信息时，这个店铺离成功也就不远了。

统一的摄影风格可以增加老客户的记忆点，比如茵曼衣服一直都是民族风、棉麻面料，他们家的模特一开始都是一对大辫子，如图 6-67 所示，后来改为一根大辫子。

只要这大辫子不变，换哪个摄影师拍摄都一样，甚至换模特也没有关系。这样做最大好处就是消费者能够一眼识别出这就是茵曼的风格。茵曼选择的场景也是有中国民族特色的场景，他们也经常换模特、换场景，但无论怎么换，消费者每次都能够一眼识别出茵曼的衣服，因为他们的摄影有统一的风格和一直不变的元素，如图 6-68 所示 .

图 6-67　茵曼带着大辫子的模特

图 6-68 只要有大辫子，茵曼换哪个摄影师拍摄都可以

很多商家经常问我：“朱老师，我们店的模特要不要换一个？别的店换了模特，生意就变好了。还有，我们以前采用室外拍摄的照片，现在发现在室内拍摄的照片点击率更高一些，我

们要不要全部采用室内拍摄的照片？”

我说：“怎么换都可以，一切以数据说话。关键是你有没有想清楚，哪些元素是你们店拍摄的照片应该保持不变的元素？不管在什么场景下拍摄，消费者都能够一眼识别出这是你家店的风格。”

视觉有两个非常重要的目的，一个是营销，另一个是让消费者记住你的店铺。不能只为了营销，而不管消费者能不能记住店铺，要知道只有消费者记住了你的店铺，才有可能再次成交，只有这样，生意才会越做越轻松。

视觉的终极目标是在买家心中形成强烈的记忆符号。如果你的视觉风格一直变，没有自己统一的风格，到最后买家即使看见你的品牌 100 次，可能也记不住。

有自己统一视觉风格的淘品牌还有很多，大家可以多去观察和对比。比如初语，他们品牌的模特眉毛下总有一条白色的妆容，如图 6-69 所示。

图 6-69 初语的模特眉毛下总有一条白色的妆容

也许有人会问：“为什么他们所有的模特儿都要在眉毛下画一条白色的横杠呢？”

因为，只要他们一直保持这个白色横杠不变，消费者就能够一眼识别出来。这就是前面讲品牌视觉的差异化和统一的原理。哪怕是这一点点的差异化，如果它一直统一，不断被重复，就会在消费者心中形成强烈的记忆符号。

6.8.2 如何找到自己的品牌记忆符号

那么，品牌摄影要如何做规范呢？

1. 第一步，人群画像

先找准你的目标客户。你要清楚地知道他们现实中的特点，比如性别、年龄、爱好、消费水平、生活习惯等，还要知道他们买你的产品时面临的最大痛点是什么？最想实现的愿望是什么？

描绘人群画像的工具和方法有以下这些。

（1）生意参谋：用于访客分析，可以整理出每个关键词的搜索指数、客户地区分布、男女比例、人群喜欢度比例、星座、爱好人群占比、买家等级、消费层级等。

（2）客户关系管理：用于客户画像。

（3）手机淘宝“问大家”：“问大家”是一个超级用户内心收集器，通过它可以找到客户的真实想法。

（4）手机淘宝“文字评价”：用户评论什么，说明他在买之前就关心什么。

（5）手机淘宝“图片评价”：通过图片评价可以看到客户现实生活中的样子，从而确定视觉方向。

（6）分析成交客户的地址库：通过地址库可以看到购买用户的主要身份，比如办公白领（写字楼片区）、家庭用户（小区收件）、工人（工厂片区）、教师学生（学校片区）等，通过地址即可轻松判断用户当前处于什么样的生活状态，更加清晰地去描绘客户画像。

2. 第二步，分析竞争对手

搜索同行中优秀的竞争对手都有些什么风格，总结他们的品牌摄影的记忆元素，归纳自己可能采取的风格，找到自己的视觉差异化。

3. 第三步，还原消费者真实的生活场景

总结消费者真实的生活场景，然后准备拍摄时所需要的道具、场景、模特等细节，并把他

们写出来，形成标准。前面讲到的吐火罗女鞋的目标人群，就是一群爱旅游且喜欢民族风格的女孩子，所以吐火罗的场景都是到有中国民族风格的场景中拍摄。

如图 6-70 所示，这个思维导图是一个打印机专卖店的品牌摄影师总结，仅供参考。

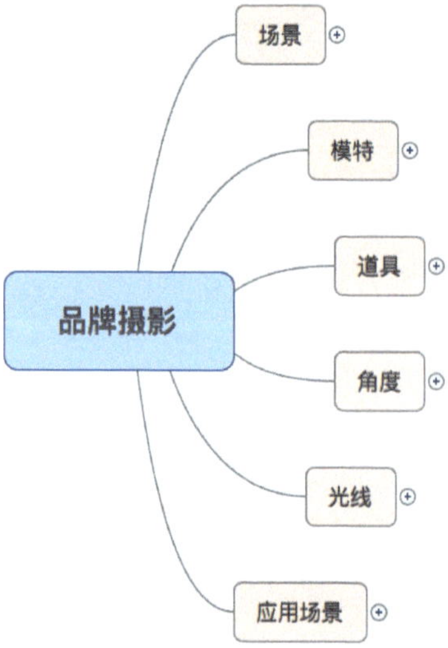

图 6-70　品牌摄影总结思维导图

想获取该品牌摄影的思维导图方法，请关注我的微信公众号“朱华杰微课堂”，回复“品牌摄影”即可免费下载。

6.8.3 品牌摄影标准案例分享

下面是我 2013 年帮一个男装品牌“奥派阿西”梳理的品牌摄影标准，这套视觉标准现在看来还是有很强的借鉴意义。

奥派阿西品牌摄影标准

1. 品牌名称

奥派阿西。

2. 风格定位

靓仔风格。

3. 目标客户人群

（1）现代都市青年男性；

（2）对着装有自己的独特见解，追求时尚品味；

（3）拥有自信、前卫、朝气十足的生活态度。

4. 品牌形象关键词

（1）时尚潮流的靓仔风；

（2）随性、休闲的生活方式；

（3）无法忽视的青春朝气、阳光与率性感。

5. 拍摄宗旨

以产品主要消费群体为产品的营销重点，在注重产品自身品质的同时更要探索精准顾客人群的需求点，将奥派阿西品牌的风格定位最大化展现，同时也让奥派阿西的产品在拍摄方面更加贴近主流消费群体的需求点，引起共鸣。

6. 模特信息

奥派阿西店铺的专属模特阿西有着酷似吴尊的帅气面孔，他的气质和年龄也符合奥派阿西品牌的形象需求，如下图所示。

（1）身高 1.78cm；

（2）体重 63 公斤；

（3）中等偏瘦的身形；

（4）上身着装尺码 L 码（胸围 88cm、肩宽 43cm、腰围 76cm）；

（5）下身着装尺码 30 码（胯围 95cm、腿围 54cm），店铺页面试穿报告均为真实信息，更是买家参照的一个最实际的依据。

7. 图片与前期准备需求

（1）单款产品必须有4张正面图、1张侧面图、1张背面图，尽量以横向大图为主；

（2）如果是长袖款，挽袖须有2张；

（3）无论是正面或背面，各种穿着方式都需要展示全面，比如外套包含敞开效果图、半扣效果图和全扣效果图；

（4）裤装的坐姿尽量保证有1到2张，着重鞋子的搭配；

（5）同款不同色产品尽量避免搭配同一款上装或下装，装饰物品要根据产品的不同进行多样化搭配；

（6）注意包包的搭配，频率不要太高——搭配辅助产品不能喧宾夺主；

（7）眼镜以墨镜为主，需按产品风格适当选用框架镜；

（8）全部产品拍摄前要保证熨烫过无褶皱（裤装需剪扣眼，线头需清理）；

（9）拍摄前应做好搭配产品与实拍产品的分类；

（10）单款的拍摄尽量在同一时间内完成，因为外景光线与拍摄时间的变化，同一产品在不同光线下拍摄会造成色差问题。

8. 拍摄场景

店铺拍摄以外景为主，常取景场包括咖啡厅、奶茶店、街头、大型购物广场、公共娱乐场所等，例如花园道艺术商业街、月湖之畔的琴台大剧院、沌口开发区法国风情的法国街、汉阳造文化创意产业园、极具西班牙特色建筑组成的西班牙风情街等景点。

（1）咖啡厅

现代青年常聚集的咖啡厅，在这个一杯咖啡、一抹阳光、一群好友便能嬉戏一下午的公共场所，最容易唤起买家的遐想。空旷的背景能很好地凸显模特的穿着效果。利用光线好的时间段捕捉到的影像，加上文案的润色，就是产品详情页最吸引人的意境图，如下图所示。

（2）街景

休闲的街头最能让帅气的青年脱颖而出。高调而不张扬的新潮服饰，在闹市街头总能吸引一片赞美的眼神；随意的插手、迈步，便是一张真实生活的写照，总能流露出“80后”“90后”不卑不亢的自信与风采，如下图所示。

（3）法国街

极具异国风情的法国街，拥有宏伟海盗船、水岸休闲商业街和缤纷的法式风格店铺，广泛的取景点包容性很大，能将男性的惬意与着装的生活状态展露无遗，如下图所示。

9．拍摄姿势

（1）尽量以身体正面、面部侧偏为主；

（2）拍摄时模特的抬手姿势尽量避免遮住衣服卖点的细节；

（3）除少量牵扯动作外，需保持产品的挺阔感；

（4）裤装姿势的幅度尽量偏大，双腿应避免并拢；

（5）保持随意、偏生活化的姿势与面部表情，不做作、不僵硬，微笑不露齿；

（6）拍摄前打理发型时选择适合的粉底塑造妆容；

（7）拍摄时，脸部角度多以侧脸为主，更易上镜；

（8）时刻提醒模特保持硬朗的姿势，特别是拍摄背面图时。

10．搭配举例

本店铺专营靓仔装系列，产品以青年男性为目标人群，所以拍摄效果尽量要呈现出青春、前卫、紧跟时尚潮流的感觉，如下图所示。

（1）衬衫

时装衬衣较适合20岁以上青年男性穿着，在拍摄时模特尽量以休闲装扮为主。如果衬衫本身偏商务化，下装应尽量选择偏年轻时尚的裤装，提升整体活力感，或者搭配墨镜和精致手链、手表等物件，也能为整体形象加分。

【注意事项】

拍摄单款衬衫时，如果衬衫偏厚（如牛仔衬衫），则需内搭背心或T恤。衬衫可以作为外套，尽量能有衬衫敞开和扎在裤装里面的一系列图片。不同的衬衫穿着方式可以展现出多种着装风格，多元化展现出产品的潜在价值，满足众多买家的购买需求，如下图所示。

（2）针织衫、毛衣

不同的针织衫和毛衣，在搭配时要根据风格去塑造整体造型，比如针织衫的颜色、款式、厚薄等，都是重要注意项。

针织开衫，搭配时在里面加穿衬衣、T 恤等辅助衣物，可以穿出层次感，视觉效果会更好，如下图所示。

套头针织衫，简单随意的搭配已是一种大众潮流，通常只需要一块腕表、一条精致皮带，就能起到画龙点睛的效果。因为套头针织衫的分类比较多，可以根据当季热卖趋势，来配搭不同风格。

细密的贴身毛衣，搭配一件翻领格子衫便是学院风，搭配一件时尚牛仔布衬衫便是时尚街拍达人，如下图所示。粗犷的大纹理毛线针织衫，更适合搭配一双大头靴，演绎出英伦格调。

【注意事项】

针织衫的款式一般都比较普通，市场上流行的款式也基本都是大众款，想要与众不同，必须要以搭配取胜。通过整体协调搭配，不仅可以拍出更好的效果，也能促进店铺的关联销售。

（3）裤装

拍摄裤装之前要注意选取搭配的上衣。如果腰部或前档有特别的亮点设计，则上装要尽量选择较短的衬衫或针织衫，因为过长或过于宽松的上装不仅会让模特整体服饰看起来上宽下窄，也会过多地遮掩住裤装的腰、臀部细节，使裤装得不到全面的展示，如下图所示。

男装长裤款裤型较简单，区别在于腰部设计、前后口袋或门襟的局部细节设计，如果背面的设计元素较多，那便可以选择以背面为主拍部分，如下图所示。

为保证裤装拍摄时视觉更协调，就特别要注重鞋子的选择与搭配。春夏季，单裤或短裤的拍摄应选择亮色系的鞋子，因为搭配深色调的鞋子会在视觉上加重沉闷感，而搭配浅色、亮色的鞋子能让人感觉清爽，如下图所示。

秋冬季裤装产品以深色系居多，则鞋子可以选择深色偏暗色系或中性色，即起到同色系融合的效果，又凸显秋冬裤装的品质感，如下图所示。

【注意事项】

拍摄裤装时，搭配的上装尽量不要太过花哨，以凸显主拍的产品为原则；选择搭配的鞋子，则应尽量注意整体色系的协调感，如果全身服饰以深色为主，却选择浅色系鞋子，容易造成头重脚轻的视觉效应。

11．后期修片

（1）提前与修片人员沟通，需保证图片清晰端正，模特面孔无明显疤痕、瑕疵，图片的裁剪规格尽量保存为拍摄时的横向大尺寸规格；

（2）为保证原片与实物的色系一致，修片时尽量对照实物校色，如没有太大差异或其他特殊原因未能校色，图片制作时也应与平铺图对比，以实物颜色为标准进行校色；

（3）拍摄的原图应在摄影室全部存档，交付的图片应保存为JPG格式，文件夹命名均以拍摄时间命名。

在奥派阿西的品牌摄影中，我们可以看出其目标人群定位是很清晰的。靓仔、现代都市青年男性，是其目标人群。

那么，作为商家应该清楚，靓仔的打扮应该是什么样的？是潮流风格的靓仔，还是成熟稳健型的靓仔，还是嘻哈型的靓仔？不同的靓仔，他们的身高、体重、发型、妆容、妆饰、面部表情都会不一样，所以要做出详细的规范描述。

奥派阿西当时的设计总监对这个方向的把握还是很清晰的，比如他在品牌摄影标准里，有这样一段对姿势和表情的描述："保持随意、偏生活化的姿势与面部表情，不做作、不僵硬，微笑不露齿。"

为了给消费者留下强烈的记忆符号，模特儿的配饰要求是要戴墨镜，具体要求是"眼镜以墨镜为主，需按产品风格适当选用框架镜。"

也许有人会问："如果我们的模特戴了墨镜，别家的模特也戴怎么办？"

答案是：那你就尽量找不一样的墨镜，最关键是看谁能一直坚持戴墨镜。须知，墨镜只是你的差异化之一，不是你和别人的唯一差异化。

目标人群是现代都市青年男性。那么哪些地方能够代表现代都市？这个时候，可以取景的场景，也就定了下来，比如咖啡厅、大型购物广场、奶茶店等一些比较休闲的场景。

服饰类目的搭配很关键，所以每次出去拍摄时，每件衣服都应该有详细的拍摄策划方案，这个方案包括以下几项。

（1）图片与前期准备工作

根据后期可能会用到的照片的场合，罗列出每件衣服详细的拍摄要求，如 5 张主图、详情页、促销海报等。需要什么样的照片，都要有详细的表格，每完成一处拍摄就记录确认。

（2）每款衣服都需要有重点拍摄的亮点

每件衣服的亮点只有产品设计师最清楚，所以他应该给出每件衣服的亮点及细节。

（3）每款衣服可能搭配的衣服

很多时候消费者在买衣服时是看模特身上的搭配。如果模特衣服搭配得好，消费者常会一起买，这样无异会提高客单价，所以每次拍摄新的衣服，应该把店铺里能够和新品搭配的衣服都带上，让模特穿上一起拍。

很多商家没有经过前期的策划就直接去拍照，拍完照回来根据现有的照片去做设计。如果这样的话，可能一次出去拍摄很多照片，回来后却发现没有一张照片是想要的。

6.8.4 文案策划比品牌摄影更重要

一款宝贝能不能卖爆，跟前期的文案策划和后期的视觉表现有着很大的关系，且如果没有前期的策划，是不可能做出好的视觉表现的。

美工为什么做不出高水平、高质量的宝贝详情页，主要原因还是店铺的流程比较混乱。特别是“新品上架流程”是一个非常重要的流程，这个流程将贯穿商品部、文案部、摄影部、美工部、销售部（运营部）、仓储部等很多重要部门，如图 6-71 所示。

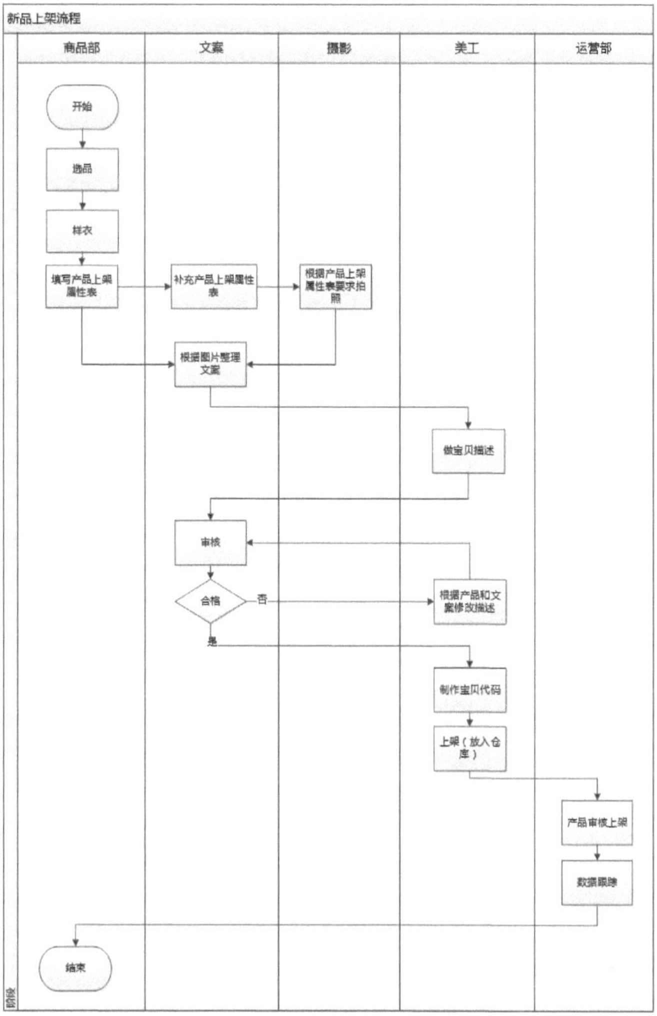

图 6-71　*新品研发流程*

这个流程会从商品部开始发起，流程图中每个矩形框都是一个子流程，比如“选品”就是一个非常重要的子流程。商品部为什么要选这一款产品，做了哪些市场分析？如果没有市场分析，就随便开发一款新产品，那么这款新产品很可能会成为滞销品。

有样品后商品部需要填写“产品上架属性表”，这个表格里将会有这个新品所有的基本信息，包括宝贝上架时需要填的所有属性、亮点拍摄要求等。文案拿到这个“产品上架属性表”后再来做详情页文案策划，如图 6-72 所示。

图 6-72　宝贝上架属性表

特别提醒：每个公司的组织架构会有差异，所以流程也会所不同，不能完全照搬。

有了这个“产品上架属性表”，再加上详情页视觉标准，美工基本上就可以做填空题了，这样工作效率不但会提高很多，而且效果也一定会很好。因为每个宝贝的文案策划都会通过产品、运营、文案等多个部门的审核，再由摄影执行拍摄，如果是重点宝贝，美工还会对详情页做精修，最后做出来的详情页都是按爆款详情页标准去做的。

由于篇幅的限制，“新品上架流程”和“宝贝上架属性表”没有详细的展示，如果需要完整的内容，可以关注微信公众号“朱华杰微课堂”，回复“宝贝上架”，即可以免费下载。

6.9 产品摄影

产品摄影一般是指产品的细节拍摄，一般在主图（后 3 张）和详情页细节展示会用到，不同类目的要求不一样。产品细节拍摄通常是不需要道具和场景的，但是需要拍摄产品的各种角度及细节，同一品类的每个细节要有统一的角度、光线、造型等，如图 6-73 所示。

图 6-73　有拍摄标准的佛珠呈现

这家店铺的佛珠产品的具体拍摄标准如图 6-74 所示。

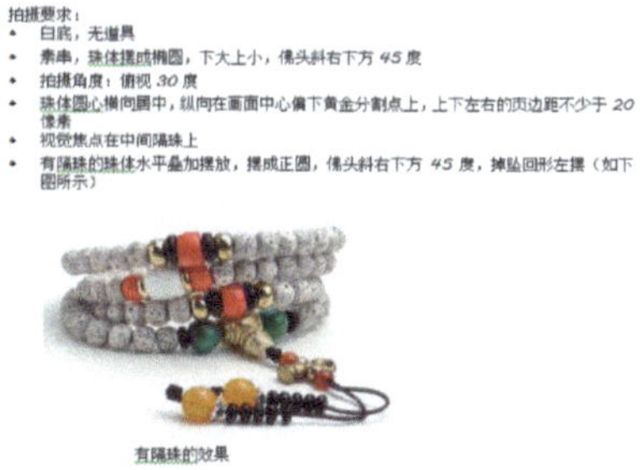

图 6-74　佛珠的拍摄标准（PPT 截图）

有了这样的标准，任何摄影师拍摄的效果都一样，而且摄影工作效率也高，即使外包出去也没有问题。

而倘若没有产品拍摄标准，产品的视觉就会乱套了。良品铺子的早期拍摄就是没有标准的，如图 6-75 所示。

图 6-75 良品铺子早期没有产品拍摄标准

可以看到，上图中的这些拍摄图片，各有各的创意、角度、背景、器皿，每个产品都不一样，评价的话，一个字就是“乱”，两个字就是“很乱”。还有一些食品连包装都没有打开。食品拍摄的基本要求，就是要让消费者一看就有想吃的欲望，这样的拍摄肯定是达不到想要的效果的。后来我帮良品铺子梳理了一套产品拍摄标准，以下为其中一部分内容。

良品铺子拍摄要求

适用于山核桃、坚果、炒货

适用于蜜饯、枣类、梅、果干类

适用于饼干、糕点、小点心、膨化类食品

适用于肉类（牛肉干、猪肉脯、肉类熟食）

1. 五张主图要求

第一张：装盘特写（俯视45度）（山核桃、坚果、炒货去壳特写；蜜饯要有透光感；枣、梅、果干类要纵向切开；饼干、糕点、小点心、膨化类食品要横切；肉类要撕开）

第二张：表现其亮点的微距

第三张：包装正面

第四张：包装反面

第五张：Q标志、条码

具体要求如下。

（1）所有商品必须打开包装拍摄，产品要求清洁，摆放有序。

（2）商品拍摄的风格必须统一。上面留白10%，而且商品摆放形式必须统一。

（3）风格要能实现对外视觉差异化，也就是在淘宝搜索列表中，让消费者一看就知是良品铺子的风格。对内风格要统一。

（4）修片原则：要还原产品最真实的一面，不允许有污点、偏色、曝光不准确等明显瑕疵。

（5）修片尺寸大小：800×800像素。

……

再看一个服装类目的产品拍摄规范案例。

羽绒服产品拍摄要求

1. 对接工作部分

摄影师去企划部拿“宝贝上架属性表”，按照上面对衣服的主色及细节部分的要求来拍摄，再与仓储部对接，拿到已经改好领标和吊牌的衣服开始拍摄。

要求：必须按照企划的要求（包括图片的大小、拍摄的特点等）拍摄，每款衣服拿最小码进行拍摄。

2. 主图细节三张拍摄及要求

（1）第一张主图领口带标

要求：拍摄出 LOGO 部分并拍摄出领口的特点，拍摄角度右倾斜 45 度，以便保持图片角度一致性，在视觉效果上比较统一，如下图所示。

（2）第二张主图衣服袖口

要求：袖子里面要塞些纸以保证袖口看起来饱满、立体，角度与上张保持一致，必须拍出其螺纹袖口的纹理，保证图片质量清晰、纹理清晰，如下图所示。

（3）第三张主图衣服正面口袋

要求：要让口袋看起来饱满、有立体感，要呈现按扣的特点，保证图片质量清晰，如下图所示。

3. 细节特点处的三张拍摄及要求

（1）第一张，立领领口特点拍摄。灯光要均匀，领口处看起来饱满，不能有褶皱，如下图所示。

（2）第二张，螺纹袖口拍摄。要求与上面袖口拍摄一致，如下图所示。

（3）第三张，正面口袋拍摄，要求和上面口袋拍摄一致，如下图所示。

4．平铺细节的拍摄要求

（1）第一张——主色的正面平铺要求如下。

A. 首先将衣服烫平，再将衣服放在泡沫板上摆出好看的造型（首先在肩膀位置塞满纸，将腰部两边向内收起，拉链打开呈 S 型，可钉钉子）。

B. 去掉衣服上的线头和污渍。衣服要平整。

C. 灯光放在左右两边，闪光灯指数 1/2，拍好后液化。

【液化要求】用 PS 打开图片，先把衣服用钢笔工具抠出来，再摆正衣服进行液化。先选出袖口，再用变形工具把衣服向内靠拢，再把衣服肩膀、袖子液化对称，然后把衣服调至本色，最后保存为 PSD 格式，如下图所示。

（2）第二张——主色的背面平铺，要求和正面一样，如下图所示。

（3）第三张——主色内里，先把袖口向衣服靠拢，再打开拉链向两边铺开，如下图所示。

（4）第四张——副色正面，要求和主色正面一样，如下图所示。

（5）第五张以后图片都是关于具体细节展示。

5. 其他拍摄要求

（1）产品需要放在平铺台上进行拍摄。

（2）灯光放在台子上，闪光灯指数 1/2，选定衣服亮点进行拍摄，需要重视的细节有领口、肩头、袖口、拉链、口袋下摆、内里口袋，以及布料和花纹。

（3）相机拍摄参数：快门 120、光圈 11 左右（根据衣服颜色调整）、自动白平衡，拍照时镜头与物体尽量最近。

通过这个案例可以看出这个摄影师所写的产品拍摄标准已经非常详细了。

以上案例只是抛砖引玉，不同品类、不同店铺、不同产品的要求都是不一样的，需要每位摄影师从工作中总结、归纳属于自己的行之有效的产品拍摄标准。

6.10 品牌包装

6.10.1 品牌包装对购物体验的影响

网上购物的第一体验是视觉，而当消费者下完订单后，就会急不可耐地等待收取包裹，当他打开包裹的一瞬间，就是购物体验好坏判定的开始。一个好的包装会让他忘记自己付出了多少，产生一种超值的感觉，而如果包装不好，就会让他感觉很失望。

越是高客单价的产品，消费者对包装的关注会越高，从评价里就可以看出，如图 6-76 所示是网红店铺里的两个宝贝，评价中说“包装很好”的分别占据第 1 位和第 2 位。

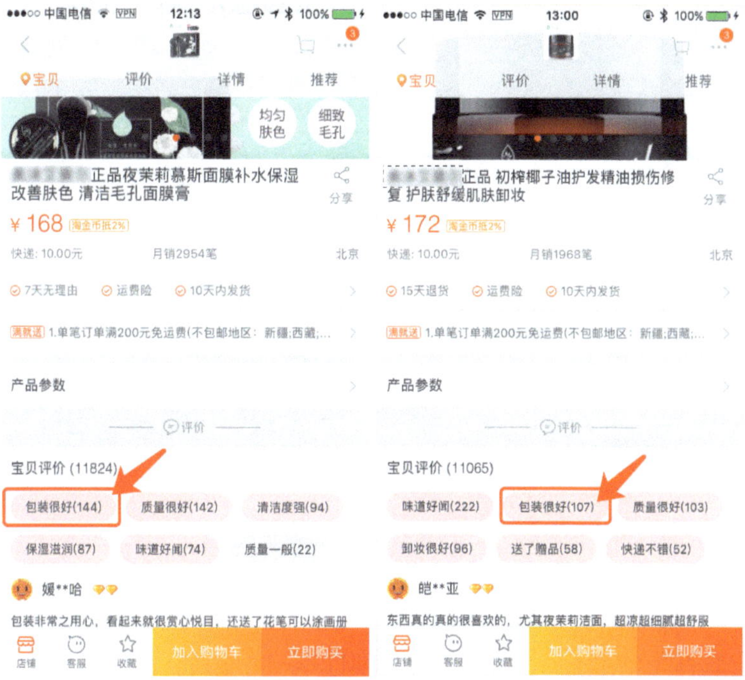

图 6-76 网红店铺的消费者对包装的好评

消费者评论什么越多，说明他们越关注什么。从上面截图中可以看出，这个品牌的消费者对于产品包装的关注度是非常高的，所以商家一定要多关注产品包装。显然，只有做高客单价，才能支撑商家做更好的包装。

除了外包装设计，包装内的赠品也会提升购物体验。阿芙就是这样的，他们不只是包装设计做得好，包装内的赠品也总是能带给消费者很多惊喜，大家可以去阿芙官方旗舰店里翻一下评价，很多消费者都有这样的评价："每次买阿芙的东西都能收到一大堆的礼品，满满全是惊喜！"如图 6-77 所示。

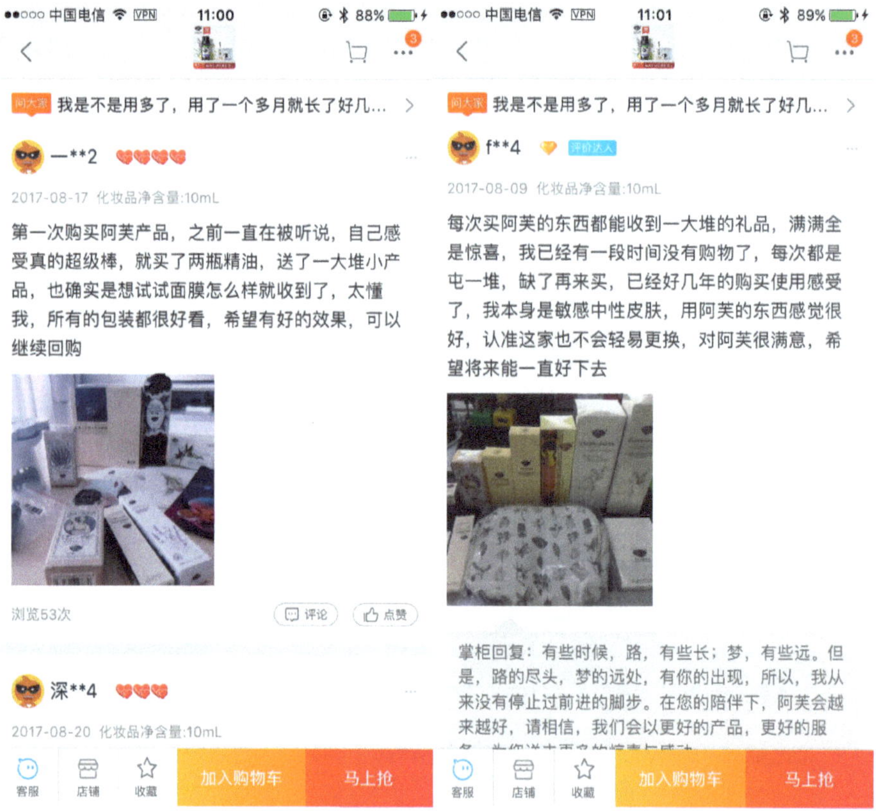

图 6-77 阿芙的消费者对包装和赠品的好评

在《无价》这本书里讲到一个心理学概念——价格心理物理学，也就是说消费者收到商品时，感觉越重，也就感觉越值。大家在买东西的时候是不是也有一个习惯性动作，用手掂量一下商品的重量呢？

所以在包装里增加赠品，会让消费者忘记产品本身的价格，这称为“补偿作用”。在这种心理作用下，商家可以卖出更高的客单价，因为客户并不在意付出了多少，而是更在意获得了多少。

6.10.2 品牌包装如何创新

品牌包装的创新也可以从以下几个方面考虑。

1. 形状

如果别人使用方形的包装，你可以用圆形的，如图 6-78 所示。

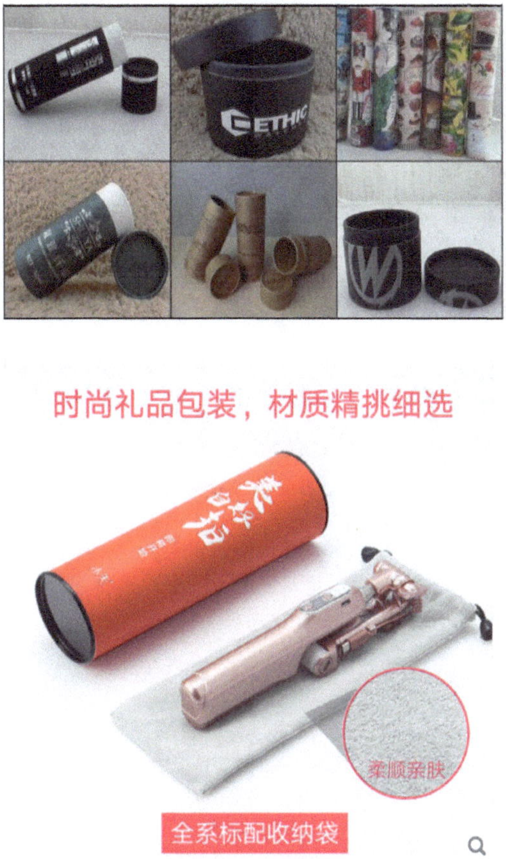

图 6-78 包装形状的创新

圆形包装通常让人觉得更舒服，如服装、化妆品、自拍杆、茶叶等小商品类目可以尝试使用这种包装。

2. 材质

包装的材质也可以做一些创新。包装材质按材料来分，一般都有木盒、纸盒、布盒、皮盒、铁盒、亚克力盒、楞包装盒等，商家可以在选择包装材质上根据自己的产品特点和竞争对手考虑，做到差异化。如图 6-79 所示，是一个精油套盒的包装。

图 6-79 精油套盒的包装

3. 重量

前面已经讲到重量对消费者的心理影响——人们潜意识里会认为越重的东西越超值（当然要在合理的范围内）。

曾经在宁波有一个商家，销售男士高端订制皮草大衣。为减少退货率，商家把其产品包装做了一次改进——他们改用高端木盒包装。大家知道皮草本身就重，加上木盒就更重了，这样一来消费者收到衣服时，一只手甚至拿不动。当消费者打开包装时候，又会发现包装盒里还送了两瓶进口红酒，显然会感觉超值。

就是这个改进的包装让商家的退货率下降了 30% 以上。因为一旦客户喝了红酒，就不能退货了，只能换货——如果退货要把价值 1680 元的进口红酒一起退，很多客户即使不满意，也只会选择把衣服寄回来修改一下。

4. 味道

包装要尽可能多地刺激消费者五感。商家可以在包装盒里洒上一点特别的香水，让消费者的嗅觉也产生一种独特的记忆。比如美国苹果公司的产品，当你打开包装时会闻到一股很特别的味道，特别是新的苹果笔记本电脑，这种味道会持续好长一段时间。

第 2 章提到的网红店铺销售化妆品，销量和客单价都非常不错，老客户回头率也很高，其秘诀之一就是在每一个包装里都要喷两下香水，而其所增加的成本并不高，如图 6-80 所示。

	项目	费用（元）	占比
包装箱费用	最大包装箱单价	4.8	10%
	大包装箱单价	3.9	20%
	中包装箱单价	4.1	35%
	小包装单价	4.1	20%
	T1飞机盒	2.2	15%
物料费用	1卷包装胶可包装订单	200	
	包装胶单价	12	
	每订单额外包装物流费用	0.8	
	物流费用	7	
礼品	大礼盒	7.9	20%
	中礼盒	7.1	30%
	小礼盒	6.3	40%
印刷品	书签	1.2	
	小册子	3.6	
	信封信纸	0.75	
	香水喷两下	0.375	
	运费险	0.3	
	牛油纸	0.21	

图 6-80 网红店铺的包装里喷香水的成本

可以看出其利润管控是很严格的。

5. 色彩

产品包装的色彩最好和竞争对手做出差异化，然后统一自己的品牌色，把自己的产品包装色也和品牌色统一，这样可以让消费者产生记忆，比如瓷肌品牌色是白色的，它的产品包装绝大部分也是白色的，如图 6-81 所示。

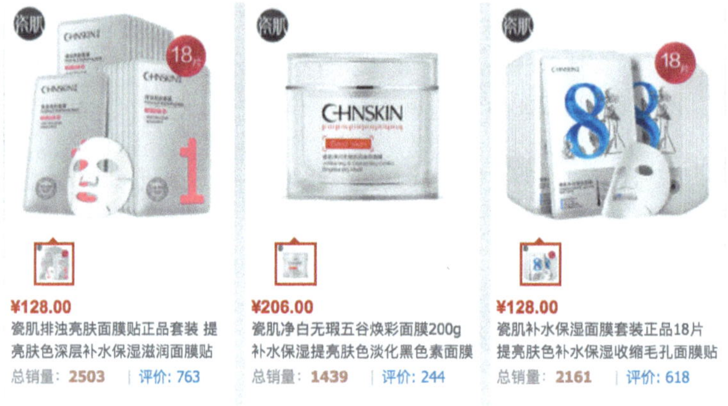

图 6-81 瓷肌的品牌色和产品包装色

6．功能性

前文提到的网红店铺曾经开发了一个具有收纳功能的包装盒，这让很多消费者在使用完产品后，舍不得丢掉包装盒，继续用它来存放化妆品。后来我们又用这个包装盒做了几次满赠促销活动，效果也很不错，很多消费者收到这个包装盒后在评价里反馈，觉得它超级赞，如图 6-82 所示。

图 6-82 网红店铺具有收纳功能的包装盒

三只松鼠的鼠小箱在包装上也是做足了功课。和普通箱子不同的是，鼠小箱上的松鼠头让包裹别具一格，甚至有消费者在微博里留言说："每次学校快递到的时候都会特别开心，因为其他人还在拼命按照手机尾号在地上找快递包裹的时候，我一眼就能知道那个鼠小箱是我的。"

同时，三只松鼠的包裹里还有分享袋、果壳袋、开果器、开箱器、湿纸巾等贴心的赠品，这会让消费者感受到一种无微不至的服务，如图 6-83 所示。

图 6-83 三只松鼠的包装箱和贴心赠品

所以，作为商家一定要在包装上多做点文章，在考虑差异化的同时，多考虑一下客户的体验。好的包装肯定可以提升消费者购物体验。

6.11 品牌故事

6.11.1 做品牌必须学会讲故事

每个品牌都要学会讲故事。我们从小到大都喜欢听故事，而品牌无论大小都有自己的差异化和历史，都要讲好自己的故事。

比如我们肯定听说过以下耳熟能详的故事：阿里巴巴马云与 18 罗汉艰苦创业的故事；苹果公司乔布斯挑战 IBM，以及他对员工极其苛刻的故事；海尔张瑞敏砸冰箱的故事……

听完这些故事后，是不是让大家马上对他们的公司，以及他们的产品产生了信任呢？

每个人、每个产品都有故事，你要用故事销售产品——从本质上说，故事正是为销售服务的。

讲故事有以下两个目的。

（1）让客户相信你。

（2）让客户也相信自己——相信自己用了你的产品，也能和你故事里的主人公一样实现自己的梦想。

每个人都喜欢听故事，好故事能够把你的卖点融入故事中。学会讲故事，说服顾客会变得轻松简单。

英国诗人塞缪尔·泰勒·柯勒律治曾说过：“当我们进入故事世界的时候， 一切就变得不一样了。我们自愿放弃怀疑。”

非洲有一个慈善公益基金会，为受灾国家募捐，前后分别使用了两种方式。

第一种方式：他们写了一封信，列出非洲国家受灾的统计数字，如非洲受灾的儿童有数千万人等事实。

第二种方式：他们讲述了一个7岁赤贫女孩的感人故事，配上图片，如图6-84所示。

图 6-84　非洲 7 岁赤贫女孩

结果第二种方式募捐的资金是第一种方式的10倍。相对于一些事实的数据，人们更愿意相信一个感人的故事。

6.11.2　品牌故事吸“睛”大法

接下来我来给你讲一下品牌故事的吸“睛”大法，归纳起来就是7个字：五讲、四美、三热爱。

这里的“五讲、四美、三热爱”和大家所熟悉的那个不同，是关于讲故事的诀窍，含义如下。

五讲：一讲创始人、二讲情怀、三讲历史、四讲消费者、五讲文化。

四美：产品美、服务美、风格美、行为美。

三热爱：爱真、爱善、爱美好。

1. 五讲

（1）讲创始人

讲创始人的故事一般分为以下四类故事。

第一类：征服不可能。

王石曾经在 52 岁时登顶珠穆朗玛峰，当时在很多杂志媒体上都做过报道，如图 6-85 所示。

图 6-85　王石 52 岁登顶珠穆朗玛峰

王石曾经被医生预言过可能会坐轮椅度过下半生，却用三年时间爬了十一座雪山，两次登顶珠穆朗玛峰，并且创造了 6100 米中国滑翔伞最高纪录。

王石也回顾了他攀登珠峰的这一段历史，表示这一过程非常有偶然性。

上珠峰，对于我来讲是非常偶然的。1995 年，我被发现腰椎有问题，医生诊断说我随时可能瘫痪，最好不要活动，最好坐轮椅。但我（当时）还可以活动，身体还没有瘫痪，不希望身体瘫痪了，怕坐轮椅。当时我想：我一定要去趟西藏。因为去西藏是我当时的梦想。创业之后，我本来是有条件去西藏的，但是一直错过。如果等到我坐上轮椅了，再去西藏就很不方便了。于是我在 1997 年去西藏并待了一个月。在西藏大本营里，我遇到了一些朋友，与他们长聊，他们建议我可以登雪山。我说：我这样可以吗？他们说：可以，先从小的山一步一步登，将来登珠峰也是可以实现的。

——编辑整理自王石在“江湖”沙龙第十九期上的演讲

当时王石的这个故事感动了很多人，也为万科节省了很多广告费。

第二类：白手起家。

马云从杭州师范学院外语系辞职以后，白手起家，先创办了“中国黄页”，后来创办了世界上最大的电子商务交易平台——阿里巴巴。这应该说是一个奇迹。

阿里巴巴早期最困难的时候，工资都发不出来，多次面临倒闭的风险。2003 年非典时期，员工不能出门，就都在家里办公。大家一起艰苦创业，一路走来，终于实现了自己的梦想。

阿里巴巴的核心价值观是“诚信”。有一个故事，当年阿里巴巴做 B2B 业务时，公司明文规定员工不能收受客户贿赂，但有一个销售冠军（其个人业绩占了全公司业绩的 60%）被发现有收受客户贿赂的行为，如果惩处，将会严重影响公司业绩，但这种行为触碰了公司的核心价值观，为了杜绝这种行为，公司最后还是决定将其开除。

听了这样的故事，让我们觉得阿里巴巴真是一个诚实可信的公司。

其实，很多创业者都是白手起家的，但一定要学会把它讲出来。

第三类：追寻梦想，不断地追寻、坚持。

锤子手机的罗永浩就是一个典型的追求梦想的案例，如图 6-86 所示。

图 6-86　罗永浩与锤子手机的故事

锤子手机虽然一直没有大红大紫，但罗永浩的这种追寻梦想，不断地追寻、坚持的精神却一直感染着很多消费者，让他的粉丝们一直在默默地支持着锤子手机。

第四类：重生。

当年乔布斯的苹果公司股份被稀释后，话语权越来越小，后来被董事会直接踢出苹果公司。然而没有乔布斯的苹果公司年年亏损，没有办法，董事会又把乔布斯重新请回来。乔布斯回来后不到一年，苹果公司就扭亏为赢。

2011 年 10 月 24 日，《史蒂夫 • 乔布斯传》全球首发。因不久前乔布斯病逝，这本书被炒得火热，成为不少书店的热销品。

这本书的畅销说明，乔布斯跌宕起伏的人生传奇故事对人们具有巨大吸引力。人们喜爱苹果产品，同样也被乔布斯的故事所感动。

（2）二讲情怀

如果讲到情怀，褚时健的故事应该是不二之选，如图 6-87 所示。

图 6-87　褚时健的品牌故事

2002 年，75 岁的褚时健在经历人生低谷之后，和妻子包下 2400 亩荒山，再次创业种橙子。10 年后“褚橙”硕果累累，在北京一家电商平台开卖。5 天里，20 吨“褚橙”一售而空。

这是多么感人和励志的故事呀。我相信大部分人买“褚橙”不是因为褚时健的橙子比别人的甜，而是被这位老人的情怀给打动了。

（3）三讲历史

说到用历史讲品牌故事，不得不提 A.O. 史密斯热水器的广告了。它的广告语是：“创造 52 年使用奇迹，我家的 AO 史密斯热水器是父亲在 50 多年前买的，过了半个世纪还在用它，你也想用半个世纪吗？”如图 6-88 所示。

图 6-88　史密斯的品牌故事

这个广告对“70 后”“80 后”影响是非常深的，真是把自己品牌的历史讲到了极致。

（4）四讲消费者

多芬的广告主角基本上都是以自己的消费者为主，以“你比你想象中更美”来讲述消费者自己的故事，如图 6-89 所示。

图 6-89　多芬的广告主角是消费者

多芬的广告更注重表达女性身材的多样性。因为消费者什么样的体型都有，什么体型都可以很美，站在消费者的立场上讲故事，可以把一个女人从年轻到年老的故事都包含里面。

这种方法可衍生到化妆品、服饰、母婴等类目，讲自己的消费者的故事。如阿芙的“世间有千万支广告，这一支只为你”，直接邀请顾客作为广告代言人，讲述她们的故事，并作为线下灯箱广告的主角。如图 6-90 所示，消费者也会把自己代言的广告自拍发朋友圈到处传播。

图 6-90　阿芙直接邀请顾客作为广告代言人

（5）五讲文化

华为曾经用的一个广告语：“我们的人生：痛，并快乐着。”如图 6-91 所示。

图 6-91　华为的品牌故事

左边一只脚伤痕累累，右边一只脚则是在舞台上的样子。这就告诉消费者：你看到我们光鲜一面的同时，还要想到我们在背后付出了多么大的努力与艰辛，正所谓“台上一分钟，台下十年功”。

华为用这样的企业文化去勉励着自己的消费者和员工。

一个企业要想做得更大更强，走得更远，必须要有自己的文化，要用这种文化去影响你的消费者和员工。

2. 四美

（1）产品美

如图 6-92 所示，是小米的插线板，我不得不佩服小米做事的认真态度。如果把小米的插线板拆开，我们会发现，不光它的外表好看，里面的布线也是非常整齐，所有材料都是非常棒的。

图 6-92　小米的插线板

把一个插线板都做得这么极致的企业，消费者肯定相信，其生产的其他产品也一定不会差。

（2）服务美

如图 6-93 所示是一个吃火锅的地方，我相信大家一定一眼就看出来这是哪家火锅店。

图 6-93　海底捞的服务

没错，就是海底捞。海底捞的服务总是让顾客意想不到，他们的服务做到了极致，很多企业都在模仿他们的服务。他们还把自己的服务模式写成了一本超级畅销书《海底捞你学不会》，让这本书去传播自己的品牌故事。

2014年，小狗电器在北京专门为“小狗中央维修”服务开了一个新闻发布会，如图6-94所示。他们也是想通过这个发布会来讲他们的品牌故事：整机保修一年，主要部件保修三年，只要用户一个电话，售后的事全部由小狗电器来完成，包括上门取件、双向物流等，所有费用全免，解决了消费者的一切后顾之忧。这种服务在当时的吸尘器类目还属首例。

图 6-94　小狗中央维修服务

（3）风格美

如图 6-95 所示，宝马 MINI 这款车出来之后，几乎打破了传统的汽车形象。

图 6-95 宝马 MINI 的广告

一般汽车的车顶要么是白色，要么是黑色，而这款车的车顶是各种风格的，它的广告语是：“我承认，我的车顶并不清白。”这种差异化一下子迎合了很多女孩子追求个性的心理。

（4）行为美

我们可从行为上去讲品牌故事，比如说以前北京是燕京啤酒的天下，可雪花啤酒的这个“勇闯天涯”的广告打出来以后，如图 6-96 所示，生生地把燕京啤酒的市场抢去了一大半。

图 6-96 雪花啤酒的“勇闯天涯”广告

这个图片表达：雪花啤酒象征着一种野外冒险、极地探险的精神。这个代表行为美的广告影响了很多青年人。

3. 三热爱

（1）爱真

小米恶搞的盒子兄弟，如图 6-97 所示。

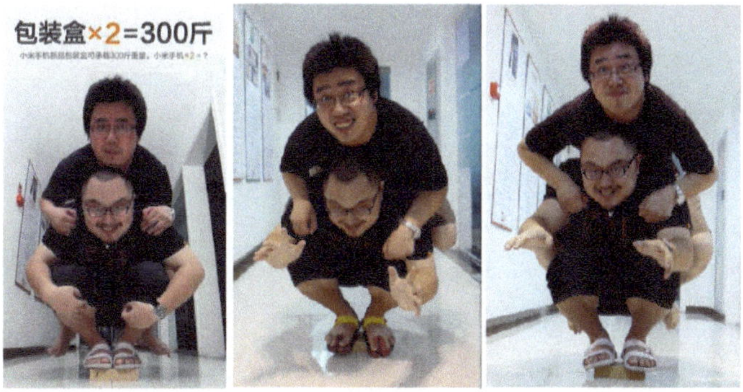

图 6-97　小米恶搞的盒子兄弟

大家很难相信，小米手机会为了一个产品的包装盒支付 10 块钱的成本，因为一般的产品包装盒的成本也就是两、三块钱。在恶搞中，小米手机盒子能承受得起两个人的体重——足足有 300 斤，这种真实的画面让人不得不承认，小米连包装盒都做得这么结实，产品的其他细节也一定很棒。

这组好玩的图片被公布出来后，“米粉”们很欢乐地展开了大量的 PS 创作，在各种场景下，“盒子兄弟”的表现都非常逗乐、和谐，如图 6-98 所示。

图 6-98　米粉对小米恶搞盒子兄弟的 PS 创作

当一个品牌营销活动能够被消费者自动传播时，这个品牌想不火都很难。

（2）爱善

讲“善”的成功故事，不得不说 TOMS，一个好心有好报的公益品牌创业故事，如图 6-99 所示。

图 6-99　TOMS 做慈善的品牌故事

许多企业家在功成名就之后，都会积极参与各种慈善事业，但像 Blake Mycoskie 这样在创业之初就把公益与商业紧密结合，并获得成功的企业家却不多见，他管自己叫公益企业家。

他在 2006 年时创造 TOMS 休闲鞋和眼镜品牌，秉承“卖一捐一”的原则，每销售一双鞋或一副眼镜就向贫困儿童捐赠一双鞋或一副眼镜。

为落实捐赠项目，他们在全球 56 个国家发展了 100 多个慈善伙伴。经过 7 年的发展，该品牌 2013 年的销售收入就已经达到 2.5 亿美元。

（3）爱美好

品牌应该去讲一个美好的故事，有一个美好的愿景。

我们会发现很多伟大的企业都有一个非常美好的愿景。比如：GE——为世界面临的挑战提供创新的解决方法；IBM——用前瞻性的思维帮助世界更好地运转；宝洁——改善全世界消费者的生活，不仅是现在，还有他们的子孙后代；苹果——用直通、简洁和优雅的设计提升人们的生活；SAP——为了世界各地的人们，帮助世界更好地运转以创造持久的繁荣；阿里巴巴——让天下没有难做的生意；微软——让每一个桌上都有一台 PC；凤凰传媒——影响有影响力的人……

其中最让我印象深刻的就是阿里巴巴的“让天下没有难做的生意”——当然，从某种角度讲，没有生意是不难做的，但当阿里巴巴提出这个伟大的愿景时，仍然打动了很多传统企业的老板。

我们在讲品牌故事时，也可以把以上方法进行有选择的组合应用，下面分享一个学员的品牌故事，我觉得讲的很不错，供大家参考，如图 6-100 所示。

图 6-100　舒华旗舰店的品牌故事

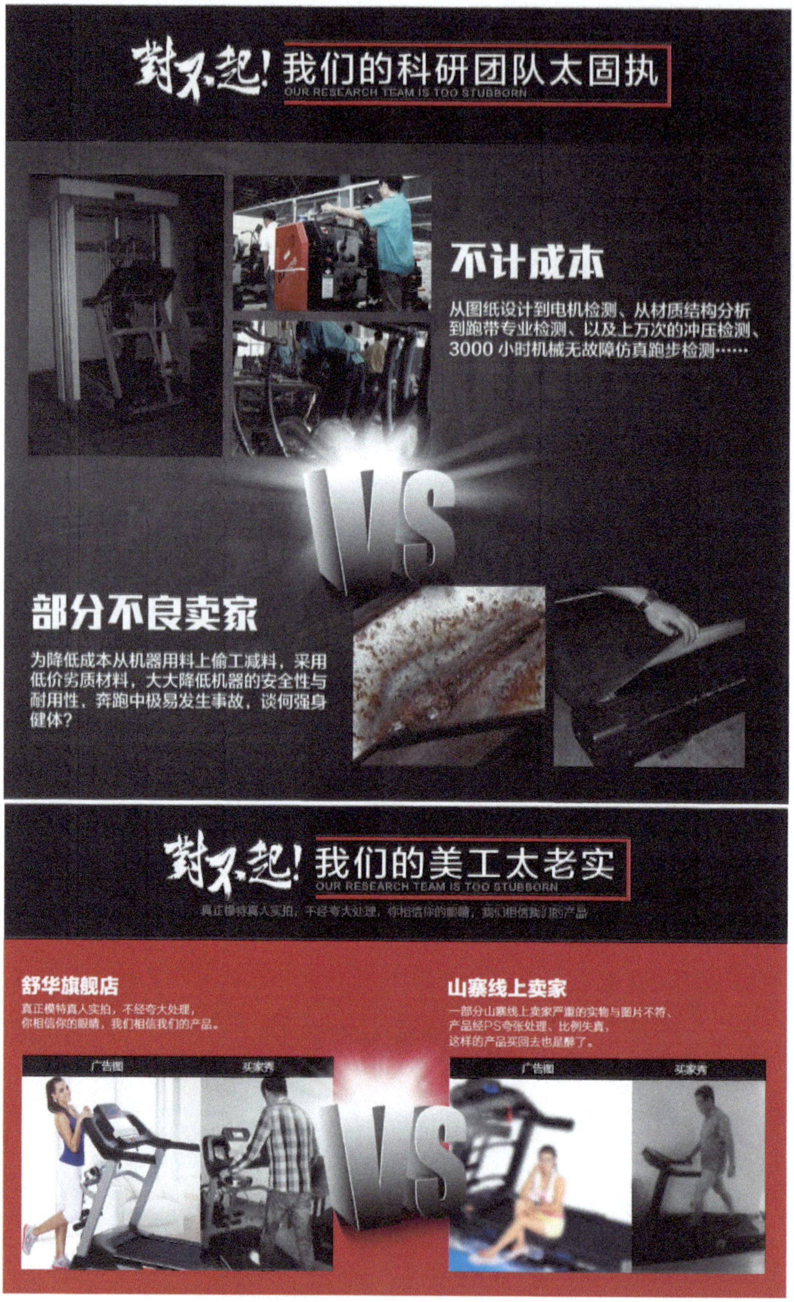

图 6-100　舒华旗舰店的品牌故事（续）

图 6-100　舒华旗舰店的品牌故事（续）

一开始就用“对不起”吸引消费者的眼球，然后用“对不起”贯穿整个品牌故事，分别讲了品牌的快递、产品、美工、售后等故事，实际上这些内容都是消费者非常关心的问题，但用一种特别的口吻讲出来了，就让消费者爱看、想看，看完了感觉还特别舒服。

好了，听我讲了这么多讲品牌故事的方法，不知道大家有什么感受？其实，我们可以换一种方式思考品牌与消费者之间的关系——消费者是喜欢听故事的，故事开辟了品牌与消费者的新的沟通方式，双方不再是单纯的买卖关系，而更像讲述者与倾听者的关系。

就像著名的皮克斯动画总结的“塑造人物和讲故事的黄金规则”：人们敬佩一名角色的努力不懈与勇于尝试，多过于敬佩他的成功。

人们更想知道英雄成功的过程，而不在意他的结果，因为通过讲英雄成功的故事，他们可以学习到很多知识。

品牌需要故事，就像一个有魅力的人需要传奇的经历。当一个合理的品牌故事被一而再、再而三地传播，无疑会增加消费者对品牌的正面认知，增强品牌的说服力和亲和力。情感是促进品牌传播效果的重要因素，故事正好具备情感的特点。

我们知道讲故事的重要性和法则后，就不能放过任何一个讲故事的机会，所有的品牌都始于故事，终于故事。

讲故事是一件非常小的事情，但不是每个人都可以把自己的故事讲好。通过这些案例我们是否能够思考一下，作为一个品牌、一个自明星，如何找到一个自己讲故事的方法呢？

6.12 品牌接触点

什么是品牌接触点？

凡是能够看到品牌的场景，都属于品牌接触点，比如线上、线下、店内、店外等。

品牌接触点可以分为店铺类（天猫、淘宝、京东、凡客、拍拍、当当、独立 B2C 等）、流量类（钻展、直通车、明星店铺、搜索列表、淘宝客、SNS 等）、活动专题类（聚划算、“618”、“双 11”）等。

6.13 如何才能记住你

如何才能让人记住你？

根据品牌接触点，我们要统一品牌形象。本章以上所讲的品牌视觉的 12 大元素：名字、LOGO、SLOGAN、颜色、字体字号、品牌活体、品牌标签、品牌摄影、产品摄影、品牌包装、品牌故事、品牌接触点等，不管在什么地方见到，都必须是统一的品牌形象，而且要不断地重复，重复的次数多了人们自然就记住了。

有一位教育专家曾经做过一个研究，如何让小孩记住一篇课文或一首诗歌，结论是：最多重复 21 遍就够了。

同理，如果我们想让消费者记住品牌，就要在他面前至少重复 21次。如果能够无限次地在他面前重复你的品牌元素，他这辈子想忘记都很难。这样无限次重复的威力巨大。

就像脑白金的广告语“今年过节不收礼，收礼只收脑白金”，估计大家这辈子想忘记它都很难了。所以品牌视觉定位一旦确定下来，就千万不能变来变去，凡是可能出现品牌元素的位置都应该是统一的。

6.14 品牌视觉标准落地思维导图

品牌视觉是视觉标准的开始，如果品牌视觉没有确定，产品视觉和营销视觉是无法制定的。

为了让大家更好完成这项工作，我把品牌视觉需要做的工作整理成了一张完整的思维导图，如图 6-101 所示。

图 6-101　品牌视觉完整思维导图

有了这张思维导图，大家可以以此为大纲，一步一步地建立自己的品牌视觉标准。

如果你是一个有品牌梦想的老板，看到这张思维导图，你一定要亲自督促和参与视觉标准的建立，因为没有任何一个人比你更了解你的产品，没有任何一个人比你更了解你的客户，没有任何一个人比你更了解你的竞争对手。请你一定要将建立视觉标准作为你的百年大计战略目标去重视，只有这样你的企业才能发展得更稳、更久，你的企业发展目标才会更清晰，你的团队工作效率才会更高。如果你自己都不重视，你的团队是不会有人为你操这份心的。

如果你是运营，通过这张思维导图，就能够协助美工帮企业建立一套视觉标准。你的工作效率将能够得到快速提升；你的人生角色将会从一个运营走向品牌运营总监；你将会站一个更高的高度看待企业的发展。

如果你是美工，通过这张思维导图，就能够帮企业建立一套完善的视觉标准。你的能力也将会得到质的飞跃；你的人生角色将会从一个美工走向设计总监；你将能够很轻松地带领一个美工团队。

你不必担心有了这套标准，视觉工作会变得很简单，会因此被老板炒鱿鱼。实际上，当你有了这个能力的时候，身价反而会大增，需要你的地方会更多——你甚至可以自己组建一个设计团队，专门帮企业建立视觉标准，这个市场空间很大，还是一片蓝海。

你也不必担心有了这套标准，自己的工作可能会被别人替代。你一定要学会将个人智慧变成团队智慧，然后把手头上琐碎的事情交出去，这样你才有可能去学习更重要的知识，否则就会一直被一些简单重复的抠图、P图工作拖住，无法前进。

如果你在建立视觉标准的过程中遇到什么问题，欢迎与我沟通。如果你愿意，也可以把你所做的品牌视觉标准发到我的邮箱（75422264@qq.com），我为你指导。

后 记

至此，关于品牌视觉的终极玩法，我已经讲授完毕。为了大家能够更好地理解这本书的内容，我把相关知识录制成视频，放在我的微信公众号“朱华杰微课堂”中，结合 PPT、学员案例等，以图文并茂的方式展现在你面前，视频中我甚至可以把别人花费 50 万元请我咨询的案例提供给你免费下载。

不仅如此……我还为你准备了 3 份超级赠品，扫描下方二维码了解详情！

祝你成功，加油！

咱们下一本书《产品视觉：一切只为转化》再见。

朱华杰

2018 年 3 月